Lieber Michael!

DANKE für die tolle Betreuung in all den letzten Jahren, deinen Einsatz und dein persönliches Engagement!

Wir wünschen dir auf deinem

# So schmeckt Tirol

Lebensweg das ALLERBESTE und dass du dich in deinem neuen Job gut einlebst und Freude hast!

Herzliche Grüße

Caroline & Benjamin

**Eva Eder**

# So schmeckt Tirol

*Regional kaufen & saisonal genießen*

**Herausgegeben von der Agrarmarketing Tirol GmbH**

Tyrolia-Verlag • Innsbruck-Wien

# *Inhaltsverzeichnis*

# Tirol mit allen Sinnen

*Wichtige Ereignisse in unserem Leben verbinden wir oft mit bestimmten Orten, Geschmäckern und Gerüchen. Sie sind Ankerpunkte unserer Erinnerung. So wie gutes Essen.*

Die stärkende Suppe nach einer Wanderung, der herzhafte Sonntagsbraten mit dampfenden Erdäpfeln, zu dem die ganze Familie zusammenfindet, die Apfeltaschen, die mit all ihrer Süße aus dem Backofen kommen: In Zeiten wie diesen, in denen wir uns quasi auf Knopfdruck die ganze Welt nach Hause holen können, gewinnt für uns wieder all jenes an Bedeutung, das uns vertraut und nahe ist. Regionalität gibt Sicherheit.

Tirol ist in der glücklichen Lage, dass uns die Natur das ganze Jahr über kulinarisch reich beschenkt und uns aus dem Vollen schöpfen lässt: knackiges Obst und Gemüse, Milch und Milchprodukte, Honig, gschmackiger Käse und frischer Fisch, Fleisch und Wurst sowie Eier von glücklichen Hühnern. Tirol schmeckt nach mächtigen Bergen und sanften Tälern, nach blühenden Wiesen und urigen Almen, feinen Kräutern und duftendem Heu, kühlem Quellwasser, klaren Seen und frischer Luft.

Die Agrarmarketing Tirol hat es sich zur Aufgabe gemacht, Regionalität noch stärker ins Bewusstsein zu rücken und Produkte, die in Tirol gewachsen und veredelt wurden, für den Konsumenten klar sichtbar zu machen. Das Gütesiegel „Qualität Tirol" – erkennbar am markanten Ranzen auf der Verpackung – steht für hochwertige Lebensmittel, bäuerliche Familienbetriebe, regionale Wirtschaftskreisläufe sowie den Erhalt der einzigartigen Tiroler Kulturlandschaft. Der Kauf von Produkten mit dem Gütesiegel „Qualität Tirol" ist ein klares Statement für die Region und ein Bekenntnis zur Heimat, die so vielfältig und schön und es damit wert ist, in ihrer Natürlichkeit erhalten zu bleiben.
Davon ist Geschäftsführer Matthias Pöschl überzeugt.

## Kulinarische Entdeckungsreise

Dieses Kochbuch nimmt Sie mit auf eine Reise zurück zu den Wurzeln, zu mehr Regionalität und einem Leben mit den Jahreszeiten – so, wie es früher üblich war.
Rezepte aus dem Fundus der Agrarmarketing Tirol sowie Tiroler Klassiker werden mit diesem Buch festgehalten und modern interpretiert. Hinter den Rezepten steht Eva Eder, Mitarbeiterin der Agrarmarketing Tirol, die sich durch die Vielfalt der Tiroler Qualitätsprodukte inspirieren hat lassen und ihre ganz eigenen Kreationen sowie Variationen daraus entwickelt. Mit dem Kochbuch „So schmeckt Tirol" zeigt sie, dass sich aus Tiroler Lebensmitteln nicht nur traditionelle Hausmannskost zaubern lässt.

Redegewandt, schlagfertig, mit einem Teelöffel Herzlichkeit, einer Messerspitze Verlässlichkeit und einer Prise Risikobereitschaft – so könnte man Eva wohl am besten beschreiben. Aufgewachsen auf einem Bio-Bergbauernhof ist Eva seit ihrer Kindheit mit den Themen Regionalität und Saisonalität vertraut und verbunden. Ob es darum geht, Gemüse und Fleisch zu verarbeiten oder Obst zu konservieren und einzukochen – Eva hat ihre Erfahrungen, ihre Leidenschaft und das, was die Tiroler Küche seit jeher so besonders macht, in den Rezepten vereint. Für dieses Buch hat sie jedes einzelne Rezept nachgekocht, da ihr eines besonders wichtig war – dass die Gerichte authentisch und nachvollziehbar sind. Unterstrichen wird die Rezeptsammlung durch wunderschöne Fotografien sowie einfache Zubereitungen, mit Produkten aus unserer Heimat, die unkompliziert bei den Tiroler Landwirten und Handelspartnern erhältlich sind.

„So schmeckt Tirol" soll inspirieren, Tirol kulinarisch (wieder) zu entdecken oder ganz neu kennenzulernen. Außergewöhnliche Geschmackserlebnisse sind vorprogrammiert.

*Wann welche Tiroler Produkte erhältlich sind, sehen Sie im Saisonkalender im Anhang.*

# Frühlingserwachen

*Wenn die ersten warmen Sonnenstrahlen die Kühle des Winters vertreiben, erwachen nicht nur wir Menschen wieder zu neuem Leben. Auch in der Natur steht der Frühling für Neubeginn und die Zeit des Wachstums.*

Mit der Kraft des Frühlings bahnen sich die ersten Knospen und Blüten ihren Weg ins Freie und beginnen zu sprießen. Der Frühling erfreut das Auge – und gleichermaßen den Magen. Die Ernährung wechselt von wärmenden Gerichten des Winters hin zu leichter Frühlingsküche, die uns neuen Schwung und dem Körper reichlich Energie gibt. Nach den ersten Warmwetterphasen steht auch die erste Ernte auf den Feldern bereits an. Regionales, frisches Frühlingsgemüse liefert uns wichtige Vitamine, Nähr- und Mineralstoffe. Junges Gemüse regt mit seinen Ballaststoffen außerdem den Stoffwechsel an, lässt der Frühjahrsmüdigkeit damit keine Chance und bringt uns durch die letzten Ausläufer der Erkältungszeit. Weil Frühlingsgemüse nicht so robust ist wie seine Winterkollegen, sollte es möglichst schonend zubereitet oder gerne auch roh gegessen werden.

Die Natur ist in Bewegung und schenkt uns kulinarische Frühlingsboten in Form von Kräutern wie Bärlauch, Sauerampfer oder Petersilie, Radieschen, Frühkraut, frischen Sprossen und verschiedenen knackigen Salaten, während andernorts die Vorbereitungen für die Almsaison beginnen und weitere Felder vorbereitet werden, für alles, was noch kommt.

## Das große Entstauben

So wunderbar der Frühling ist, er bedeutet für die Landwirtschaft auch reichlich Arbeit. Getreide wird gesät, Erdäpfel, Gemüse, (Blumen-)Zwiebeln gesetzt, die Wiesen werden gepflegt und das erste Mal gemäht, die Weiden für das Vieh bereitgemacht. Auf den Almen kehrt Leben ein und so beschaulich der Alltag dort für so manchen Wanderer anmutet, so hart ist die Arbeit, die dort verrichtet wird. Denn Almleben und Landwirtschaft finden nicht nur bei Schönwetter statt. Die letzten Spuren und mitunter Schäden des Winters müssen beseitigt und die Grundlagen für eine reichliche Ernte geschaffen werden.

Der Frühling ist außerdem die Zeit des Brauchtums und der Tradition. Nach der 40-tägigen Fastenzeit wird mit dem Osterfest die Auferstehung Jesu gefeiert. Immer öfter wird dazu statt des früher traditionellen Osterlamms feines Ziegenkitz serviert. Fleisch mit dem Gütesiegel „Qualität Tirol" ist grundsätzlich das ganze Jahr über erhältlich – etwa der Tiroler Jahrling oder zu Speck und Hartwurst veredelte Delikatessen. Das „Qualität Tirol" Kitzei indes ist eine ganz besondere Spezialität, die es vor allem rund um Ostern zu kaufen gibt. Werden für den Ostersonntag also die Palmbuschen gebunden, Ställe und Wohnräume geschmückt und bunte Ostereier versteckt, fängt es auch in der Küche an, herrlich zu duften. Das mild-aromatische Ziegenkitzfleisch ist hell, feinfasrig und trotz seiner fettarmen Struktur äußerst schmackhaft. Es enthält hochwertiges Eiklar, Eisen, Zink und Vitamine und ist perfekt für das kulinarische Frühlingserwachen. Für das Buch haben wir das Kitzei zu einem wunderbar sämig geschmorten Ragout verarbeitet und es in einer anderen Variante gebacken und mit einem Gratin von Erdäpfeln serviert.

# Kwell-Saiblings-Nockerl

**MENGE**
4–6 PERSONEN

**DAUER**
1 STUNDE
(12 STD. BEIZEN)

## Zutaten:

*6 Filets vom **„Qualität Tirol“** Kwell-Saibling (ca. 600 g)*

*1 kl. „Bio vom Berg“ Zwiebel*

*125 g Crème Fraîche*

*Salz, Pfeffer*

## Zutaten Beize:

*5 EL Pökelsalz*

*2 EL Meersalz*

*50 g Kristallzucker*

*1 TL Senf (Estragon)*

*3 bis 4 Zweige Dill*

*Saft einer ½ Zitrone*

## Zubereitung:

1. Die Filets waschen und trocken tupfen.
2. Den Dill fein schneiden, in eine Schüssel geben und die restlichen Zutaten der Beize dazugeben sowie vermischen.
3. Die Filets vom Kwell-Saibling auf Frischhaltefolie auflegen und die Beize gleichmäßig darauf verteilen. Die gebeizten Filets in die Folie einschlagen, in eine Schale geben und im Kühlschrank für ca. 12 Stunden marinieren lassen.
4. Anschließend die gebeizten Filets abwaschen und trocken tupfen. Die Haut entfernen und die Filets in kleine Stücke schneiden.
5. Die Zwiebel fein hacken und zum Kwell-Saibling geben. Die Crème Fraîche untermengen und mit Salz und Pfeffer abschmecken.
6. Anschließend die Kwell-Saibling-Masse bis zur Verwendung kaltstellen.

## *Tipp:*

*Die Saibling-Nockerl mit Roggencracker (siehe Rezept Seite 12) servieren.*

# Roggencracker

**MENGE**
CA. 50 STÜCK

**DAUER**
2 STUNDEN

## Zutaten:

*190 g **„Qualität Tirol“** Wieshofer's Roggenmehl*

*60 g Weizenmehl (Type 700)*

*10 g Germ (frisch)*

*1 TL Meersalz*

*½ TL Kümmel (gemahlen)*

*250 ml Wasser (lauwarm)*

***„Qualität Tirol“** Wieshofer's Roggenmehl (für die Arbeitsfläche)*

## Zubereitung:

1. Das Roggenmehl in eine ausreichend große Schüssel geben, eine Mulde machen und den Germ einbröseln. 50 ml lauwarmes Wasser zum Germ geben, gut umrühren und an einem warmen Ort mind. 30 Minuten gehen lassen.
2. Die restlichen Zutaten (Mehl, Salz, Kümmel und Wasser) in die Schüssel geben und einrühren, bis ein glatter, weicher Teig entsteht.
3. Den Teig zudeckt für ca. 1 Stunde an einem warmen Ort gehen lassen.
4. Die Arbeitsfläche mit ausreichend Roggenmehl bestreuen, mit einem Teelöffel kleine Häufchen aus dem Teig stechen und auf der bemehlten Arbeitsfläche platzieren.
5. Die Teig-Häufchen im Mehl wenden, auf ein Backblech (mit Backpapier) geben und dort mit den Fingern flach drücken.
6. Die dünnen Teigfladen noch ca. 5 Minuten gehen lassen, dann bei 220 °C Heißluft in den bereits vorgeheizten Backofen geben und ungefähr 12 bis 15 Minuten backen.
7. Die Cracker aus dem Ofen nehmen und auskühlen lassen.

## *Tipp:*

*Gut verschlossen sind die Cracker lange haltbar.*

# Kräutersuppe

**MENGE**
4–6 PERSONEN

**DAUER**
40 MINUTEN

## Zutaten:

*250 ml „Bio vom Berg" Schlagrahm*

*250 ml Weißwein (trocken)*

*750 ml Rinds- oder Gemüse-Suppe*

*1 „Bio vom Berg" Zwiebel*

*1 „**Qualität Tirol**" Erdäpfel (klein)*

*Salz, Pfeffer*

*3 Bund frische „Bio vom Berg" Kräuter (Schnittlauch, Petersilie, Oregano)*

*2 EL „**Qualität Tirol**" Modlbutter*

## Zubereitung:

1. Zwiebel und Erdäpfel schälen und fein schneiden.
2. Butter in einem Topf erhitzen und die Zwiebel darin glasig dünsten. Erdäpfel dazugeben und kurz anrösten.
3. Mit Wein ablöschen und mit der Suppe aufgießen. Das Ganze zugedeckt für ca. 20 Minuten köcheln lassen.
4. Die Kräuter waschen, abtropfen und fein schneiden.
5. Die Kräuter zur Suppe geben, kurz aufkochen lassen und pürieren.
6. Den Schlagrahm hinzufügen und nochmal erhitzen. Mit Salz und Pfeffer abschmecken, erneut mit einem Pürierstab aufschäumen und servieren.

# Scharfer Rindfleischsalat

## mit Radieschen

**MENGE**
4 PERSONEN

**DAUER**
2 STUNDEN

## Zutaten Rindfleisch:

*500 g Weißes Scherzel vom **„Qualität Tirol“** Almrind*

*1 Pkg. Suppengemüse (Karotten, Sellerie, Lauch)*

*1 „Bio vom Berg“ Zwiebel*

*1 EL Pfefferkörner*

*2 Lorbeerblätter*

*1 EL Salz*

## Zutaten Salat:

*2 Bund Radieschen*

*100 g Vogerlsalat*

*1 Bund „Bio vom Berg“ Petersilie*

*1 bis 2 rote Chili (frisch)*

*1 „Bio vom Berg“ Knoblauchzehe*

*1 Zitrone*

*Olivenöl*

*Salz und Pfeffer*

## Zubereitung:

1. Das Suppengemüse, eine halbierte Zwiebel (mit Schale), Pfefferkörner und die Lorbeerblätter in einem Topf mit Wasser (ca. 2 l) zum Kochen bringen.
2. Das Fleisch in das kochende Wasser geben (das Fleisch soll mit Wasser bedeckt sein) und ca. 1 Stunde 15 Minuten köcheln lassen. Nach ca. 1 Stunde Kochzeit Salz dazugeben.
3. Das Fleisch aus der Suppe nehmen und auskühlen lassen. Die Suppe abseihen und zur weiteren Verwendung aufbewahren.
4. Die Radieschen klein-würfelig schneiden und in eine Schüssel geben.
5. Chili und Knoblauch fein schneiden, die Petersilie grob hacken und unter die Radieschen mischen.
6. Die Salatmischung sowie den Vogerlsalat mit dem Saft einer Zitrone und etwas Olivenöl marinieren sowie mit Salz und Pfeffer abschmecken.
7. Das Fleisch mit einer Schneidemaschine oder einem scharfen Messer in sehr dünne Scheiben schneiden und auf einer Platte oder einem Teller anrichten. Die Salatmischung auf das Fleisch geben und servieren.

## *Tipp:*

*Das Gemüse und die Gewürze abseihen und den Sud als Suppe verwenden.*

# Kräuter-Röllchen
## mit pikanter Fülle

**MENGE**
2 BACKBLECHE

**DAUER**
20 MINUTEN

## Zutaten:

*150 g Weizenmehl (Type 480)*

*200 ml „Bio vom Berg" Heumilch*

*3 **„Qualität Tirol"** Goggei*

*3 Bund „Bio vom Berg" Kräuter (Schnittlauch, Petersilie, Basilikum)*

*Salz, Pfeffer*

## Fülle:

*2 Gläser **„Qualität Tirol"** Glocknerkugeln (Ziegenfrischkäse)*

*2 Gläser **„Qualität Tirol"** Schaflkas*

*1 Pkg. „Bio vom Berg" Datteltomaten*

*200 g „Bio vom Berg" Rindersaftschinken*

*ca. 50 g Rucola*

## Zubereitung:

1. Aus Mehl, Eiern und Milch einen flüssigen Teig anrühren und mit Salz und Pfeffer würzen.
2. Die Kräuter fein hacken, zum Teig geben und kurz mit dem Pürierstab pürieren.
3. Den Teig auf ein mit Backpapier ausgelegtes Backblech leeren und verstreichen.
4. Das Blech in den auf 180 °C Ober-/Unterhitze vorgeheizten Backofen geben und den Teig 8 bis 10 Minuten backen. Anschließend aus dem Ofen nehmen, kurz auskühlen lassen und das Backpapier abziehen.
5. In der Zwischenzeit Tomaten in Stücke schneiden und den Käse zerkleinern.
6. Den gebackenen Teig mit Ziegenkäse und Rindersaftschinken belegen. Zu einer Roulade einrollen und dann in ca. 1 cm dicke Scheiben schneiden.
7. Das zweite Blech mit Schafkäse, Tomaten und Rucola belegen, ebenfalls einrollen und aufschneiden.

# Spieß vom Kitzei

**MENGE**
4 PERSONEN

**DAUER**
30 MINUTEN

## Zutaten:

*500 g Fleisch vom **„Qualität Tirol"** Kitzei*

*8 Scheiben Bauchspeck vom **„Qualität Tirol"** Hofschwein*

*½ „Bio vom Berg" Zwiebel*

*1 Paprika (rot)*

*1 Zweig „Bio vom Berg" Rosmarin*

*3 „Bio vom Berg" Knoblauchzehen*

*Salz, Pfeffer*

*1 bis 2 EL **„Qualität Tirol"** Butterschmalz (zum Herausbacken)*

## Zubereitung:

1. Das Kitzfleisch in Stücke schneiden (Medaillons) und mit Salz und Pfeffer würzen.
2. Paprika und Zwiebel in mundgerechte Stücke schneiden.
3. Fleisch und Zwiebel- bzw. Paprikastücke abwechselnd auf einen Spieß stecken und am Ende eine Scheibe Bauchspeck auffächern und aufspießen.
4. Butterschmalz in einer Pfanne erhitzen und die Spieße auf beiden Seiten goldbraun braten. ***Achtung!*** Damit das Gemüse und das Fleisch gleichmäßig gart, darauf achten, dass die Stücke gleich dick sind.
5. Wenn die Spieße umgedreht werden, den Rosmarin und die Knoblauchzehen im Butterschmalz mitbraten.
6. Spieße aus der Pfanne nehmen und gleich servieren!

# Sandwich vom Kitzei
## (scharf)

**MENGE**
4 PERSONEN

**DAUER**
1 STUNDE

## Zutaten:

*800 g Fleisch vom* ***„Qualität Tirol"*** *Kitzei*

*1 „Bio vom Berg" Zwiebel*

*3 Jungzwiebeln*

*2 Paprika (rot und gelb)*

*1 bis 2 EL* ***„Qualität Tirol"*** *Butterschmalz*

*1 bis 2 frische Chili*

*1 EL Tomatenmark*

*50 ml Wasser*

*Salz, Pfeffer*

*4 Bögen Backpapier, 4 Baguettes*

## Zubereitung:

1. Fleisch putzen und in kleine Stücke (1–2 cm) schneiden oder bereits zugeschnitten kaufen.
2. Zwiebel fein schneiden. Jungzwiebel und Paprika in kleine Stücke schneiden.
3. Butterschmalz in einer Pfanne erhitzen. Die Fleischstücke darin bei starker Hitze anbraten.
4. Das geschnittene Gemüse dazugeben und kurz mitrösten.
5. Tomatenmark zugeben, kurz anrösten und mit Wasser aufgießen.
6. Mit Salz und Pfeffer abschmecken, kurz aufkochen lassen und vom Herd nehmen.
7. Die Chili fein schneiden und untermischen.
8. Die Fleisch-Gemüse-Mischung auf 4 Portionen aufteilen und jede Portion in der Mitte des jeweiligen Backpapiers platzieren. Zu einem Sackerl zusammenraffen und mit einem Bindfaden dicht verschließen.
9. Die Sackerln auf ein Backblech stellen und für ca. 30 Minuten in den bereits auf 150 °C Heißluft vorgeheizten Backofen geben.
10. Die Sackerln aus dem Ofen nehmen und am besten heiß mit einem knusprigen Weißbrot servieren.

# Gebackenes Kitzei

## mit Erdäpfelgratin & Preiselbeere

**MENGE**
4 PERSONEN

**DAUER**
30 MINUTEN OHNE GRATIN
(1 STUNDE MIT GRATIN)

## Zutaten:

*12 Schnitzel vom **„Qualität Tirol"** Kitzei (ca. 2 cm dick)*

*2 **„Qualität Tirol"** Goggei*

*Semmelbrösel*

*Mehl*

*Salz, Pfeffer*

***„Qualität Tirol"** Butterschmalz (zum Herausbacken)*

## Zubereitung:

1. Das Fleisch leicht salzen.
2. Die Schnitzel in Mehl, dann in verquirltem, gesalzenem und gepfeffertem Ei und abschließend in Semmelbrösel wenden.
3. Die panierten Schnitzel in ausreichend Butterschmalz bei mittlerer Hitze auf beiden Seiten goldbraun herausbacken.
4. Am besten direkt aus der Pfanne mit Preiselbeermarmelade und Erdäpfelgratin servieren.

***Erdäpfelgratin:** siehe Rezept auf Seite 90.*

# Ragout vom Kitzei

**MENGE**
4 PERSONEN

**DAUER**
3 STUNDEN

## Zutaten:

*400 g Ragout vom **„Qualität Tirol“** Kitzei*

*5 „Bio vom Berg“ Knoblauchzehen*

*1 Zweig „Bio vom Berg“ Thymian*

*1 Zweig „Bio vom Berg“ Rosmarin*

*2 Lorbeerblätter*

*1 „Bio vom Berg“ Zwiebel*

*2 **„Qualität Tirol“** Karotten*

*¼ Knolle Sellerie*

*1 Lauch*

*500 ml Rindssuppe*

*Salz, Pfeffer*

*Öl (zum Marinieren und Anbraten)*

## Zubereitung:

1. Das Fleisch mit Öl (ca. 2 EL), den fein gehackten Kräutern und Knoblauch durchmischen. Das Ganze in einem Topf zugedeckt für ca. 1 Stunde marinieren lassen.
2. In einer großen Pfanne (oder Bräter) Öl erhitzen. Das Fleisch salzen, pfeffern und scharf auf allen Seiten anbraten.
3. Das Wurzelgemüse (Lauch, Karotten, Sellerie, Zwiebel) in grobe Stücke schneiden, zum Fleisch geben und kurz mitrösten.
4. Mit der Suppe aufgießen und zugedeckt im vorgeheizten Backofen bei ca. 180 °C für ca. 1 Stunde 30 Minuten schmoren. Bei Bedarf mit etwas Wasser aufgießen.
5. Das Wurzelgemüse herausnehmen, einen Teil der Karotten pürieren und zur Sauce geben, damit sie eine sämige Konsistenz und kräftigere Farbe bekommt.

## *Tipp:*

*Schmeckt ausgezeichnet mit Knödel!*

# Flammkuchen

**MENGE**
4 PORTIONEN

**DAUER**
45 MINUTEN

## Zutaten:

*400 g Weizenmehl (Type 700)*

*½ TL Kristallzucker*

*250 ml „**Qualität Tirol**“ Tyroler Imperial Hell (Bier)*

*1 TL Salz*

## Zutaten Belag:

*200 g „Bio vom Berg“ Rindersaftschinken*

*150 g Crème Fraîche*

*250 g „Bio vom Berg“ Tomaten*

*1 Lauch*

*1 Bund „Bio vom Berg“ Schnittlauch*

## Zubereitung:

1. Mehl, Zucker, Salz und Bier zusammen in einer Schüssel zu einem geschmeidigen Teig verarbeiten.
2. Den Teig ca. 30 Minuten rasten lassen, währenddessen Lauch in Ringe schneiden, Tomaten vierteln und Schnittlauch fein schneiden.
3. Den Teig in 4 gleich große Stücke teilen. Jedes Teigstück dünn ausrollen (ausreichend Mehl verwenden, damit der Teig nicht kleben bleibt).
4. Mit Crème Fraîche dünn bestreichen und mit Schinken und Lauchringen belegen.
5. Den Flammkuchen ca. 10 Minuten in den auf 220 °C Heißluft vorgeheizten Backofen geben.
6. Die Tomaten und den Schnittlauch frisch auf den Flammkuchen streuen, sobald er aus dem Backofen kommt und gleich servieren!

# Lammkrone im Kräutermantel
## mit Grillgemüse und Knoblauchdip

**MENGE**
4 PERSONEN

**DAUER**
1 STUNDE 30 MIN.

### Zutaten Fleisch:

*800 g Lammkrone vom **„Qualität Tirol"** Berglamm*

*5 „Bio vom Berg" Knoblauchzehen*

*1 Bund „Bio vom Berg" Schnittlauch*

*4 EL Senf*

*Salz, Pfeffer*

*2 EL **„Qualität Tirol"** Butterschmalz*

### Zutaten Beilagen und Dip:

*8 mittelgroße **„Qualität Tirol"** Erdäpfel (festkochend)*

*„Bio vom Berg" Tomaten nach Belieben*

*1 Becher **„Qualität Tirol"** Seeber Naturjoghurt*

*3 „Bio vom Berg" Knoblauchzehen*

*Salz, Pfeffer*

### Zubereitung:

1. Das Fleisch mit Salz und Pfeffer würzen. In einer Pfanne Butterschmalz erhitzen und das Fleisch gemeinsam mit dem Knoblauch in die Pfanne geben und scharf auf allen Seiten anbraten.

2. Anschließend das Fleisch und den Knoblauch auf ein Backblech geben und bei ca. 90 °C Heißluft in den vorgeheizten Backofen schieben. Die Lammkrone garen, bis die Kerntemperatur 58 °C erreicht hat.

3. Währenddessen den Schnittlauch fein schneiden und auf ein Brett streuen.

4. Für den Dip den Knoblauch fein schneiden und mit dem Naturjoghurt vermengen, anschließend mit Salz und Pfeffer abschmecken.

5. Die Erdäpfel kochen und anschließend halbieren. Die Erdäpfel und Tomaten kurz in einer Grillpfanne oder auf dem Grillrost bräunen.

6. Die Lammkrone aus dem Rohr nehmen und kurz (ca. 2 Minuten) rasten lassen.

7. Das Fleisch dünn mit Senf bestreichen und in dem fein geschnittenen Schnittlauch wälzen.

8. Mit einem scharfen Messer die Lammkrone teilen und mit Grillgemüse und Joghurt-Knoblauch-Dip servieren.

# Nudelteigtaschen

**MENGE**
4 PERSONEN

**DAUER**
1 STUNDE 30 MIN.

## Zutaten Nudelteig:

*250 g griffiges Mehl*

*150 ml Wasser*

*1 TL Salz*

## Zutaten Füllung vegetarisch:

*Lauch*

*1 Jungzwiebel*

*1 Chili (rot)*

*1* ***„Qualität Tirol"*** *Karotte*

*Paprika und anderes saisonales Gemüse*

*½ Becher Tiroler Sauerrahm*

## Zutaten Tiroler Füllung:

*10 Scheiben Bauchspeck vom* ***„Qualität Tirol"*** *Hofschwein*

*1 Jungzwiebel*

*70 g* ***„Qualität Tirol"*** *Tilsiter*

*½ Becher Tiroler Sauerrahm*

*Salz, Pfeffer*

## Zubereitung:

1. Mehl, Wasser und Salz zu einem geschmeidigen Teig verarbeiten. In Frischhaltefolie geben und im Kühlschrank ca. eine Stunde rasten lassen.

2. Für die vegetarische Füllung das Gemüse fein schneiden und mit etwas Sauerrahm vermischen. Anschließend mit Salz und Pfeffer abschmecken.

3. Für die Tiroler Füllung den Speck, die Zwiebel und den Käse klein schneiden und ebenfalls mit Sauerrahm vermischen. Auch hier wieder mit Salz und Pfeffer abschmecken.

4. Teig aus dem Kühlschrank nehmen und dünn auswalken. Mit einem runden Ausstecher (ca. 8 cm) Kreise ausstechen.

5. In die Mitte der Kreise etwas Füllung hineingeben und durch Zusammendrücken (Gabel o. ä.) fest verschließen.

6. Die fertigen Nudeltaschen entweder über Dampf für ca. 10 Minuten dämpfen oder in etwas Butterschmalz auf allen Seiten goldbraun anbraten.

7. Die Nudeltaschen mit Soja- und Chilipaste servieren.

# Pochiertes Kalbsfilet
## auf Kressepüree

**MENGE**
4 PERSONEN

**DAUER**
40 MINUTEN

### Zutaten Fleisch:

*700 g Kalbsfilet vom* ***„Qualität Tirol"*** *Milchkalb*

*300 ml Gemüsesuppe*

*300 ml Weißwein (trocken)*

*1 bis 2 TL Pfefferkörner*

*1 TL Salz*

*2 Zweige „Bio vom Berg" Thymian*

### Zutaten Beilagen und Dip:

*500 g* ***„Qualität Tirol"*** *Erdäpfel (vorwiegend festkochend)*

*35 g Kresse*

*150 ml „Bio vom Berg" Heumilch*

*Salz*

*2 EL* ***„Qualität Tirol"*** *Modlbutter*

*evtl. Muskat*

### Zubereitung:

1. Erdäpfel schälen, klein schneiden und in Salzwasser kochen.
2. Währenddessen die Gemüsesuppe, Weißwein, Salz, Pfefferkörner und Thymianzweige zum Kochen bringen.
3. Das Filet vom Kalb einlegen und bei ca. 85 °C Wassertemperatur für 17 bis 20 Minuten garen lassen.
4. In der Zwischenzeit die Milch mit fein geschnittener Kresse und Butter kurz aufkochen lassen und pürieren.
5. Die heißen Erdäpfel pressen, die „Kressemilch" und eventuell eine Prise Muskat dazugeben und gut verrühren.
6. Filet aus dem Sud nehmen und kurz rasten lassen.
7. Das Kalbsfilet aufschneiden und auf dem Kressepüree servieren.

# Erdäpfel mit Salzkruste

## (Papas arrugadas)

**MENGE**
4 PERSONEN

**DAUER**
2 STUNDEN

## Zutaten:

*1 kg* ***„Qualität Tirol“*** *Erdäpfel (festkochend) oder Frühe (je nach Saison)*

*250 g Meersalz (grob)*

*ca. 1 L Wasser*

## Zutaten grüne Sauce:

*„Bio vom Berg“ Kräuter nach Wahl (Schnittlauch, Petersilie, Thymian)*

*Olivenöl (kaltgepresst)*

*Meersalz*

## Zutaten weiße Sauce:

*180 g* ***„Qualität Tirol“*** *Seeber Naturjoghurt*

*100 g Tiroler Sauerrahm*

*2 bis 3 „Bio vom Berg“ Knoblauchzehen*

*Salz, Pfeffer*

## Zubereitung:

Die Erdäpfel werden ungeschält im Wasser gemeinsam mit dem Meersalz gekocht. Wenn das Wasser komplett verkocht ist, werden die Erdäpfel in einer Pfanne bei niedriger Temperatur ca. 20 Minuten getrocknet, bis sie runzelig werden.

## Zubereitung grüne Sauce:

Die Kräuter fein schneiden und mit einem Mörser oder einem Pürierstab mit Olivenöl mischen und zu einem Pesto verarbeiten. Abschließend mit Salz abschmecken.

## Zubereitung weiße Sauce:

Joghurt und Sauerrahm vermischen. Knoblauch fein schneiden und dazugeben. Mit Salz und Pfeffer abschmecken.

# Joghurt-Waffeln

**MENGE**
7 BIS 8 STÜCK

**DAUER**
40 MINUTEN

## Zutaten Teig:

*120 g Weizenmehl (Type 480)*

*100 ml „Bio vom Berg" Heumilch*

*180 g **„Qualität Tirol"** Seeber Naturjoghurt*

*2 **„Qualität Tirol"** Goggei*

*30 g Staubzucker*

*1 Pkg. Vanillezucker*

*1 TL Backpulver*

***„Qualität Tirol"** Modlbutter für das Waffeleisen*

## Zubereitung:

1. Die Eier mit dem Staubzucker schaumig mixen.
2. Die restlichen Zutaten zügig untermischen und gleich zu einem flüssigen Teig verarbeiten.
3. Das Waffeleisen mit ausreichend Butter einstreichen, erhitzen und laut Anleitung füllen.
4. Die Waffeln für einige Minuten backen, bis sie goldbraun sind. Am besten gleich frisch genießen!

# Ostergebäck
## Germteiggebäck

**MENGE**
2 ZÖPFE

**DAUER**
1 STUNDE 30 MIN.

## Zutaten:

*500 g Weizenmehl (Type 480)*

*60 g Kristallzucker*
*(wer es weniger süß mag: auf 50 g reduzieren)*

*60 g **„Qualität Tirol“** Modlbutter*

*250 ml „Bio vom Berg“ Heumilch (lauwarm)*

*2 **„Qualität Tirol“** Goggei*

*1 EL Rum*

*1 TL Salz*

*30 g Germ (frisch)*

*1 **„Qualität Tirol“** Goggei (zum Bestreichen)*

*Rosinen (nach Belieben)*

*Hagelzucker oder Mandelblättchen zum Bestreuen*

## Zubereitung:

1. Mehl in eine Schüssel geben und in der Mitte eine Mulde machen. In der Mulde den zerbröselten Germ mit dem Zucker und einem Teil der lauwarmen Milch gut verrühren und einige Minuten gehen lassen (Dampfl).

2. Anschließend die zerlassene Butter, die restliche lauwarme Heumilch sowie die weiteren Zutaten zum Mehl geben. Alles zu einem geschmeidigen Teig verarbeiten. Wichtig: Teig gut abschlagen.

3. Den Teig ca. 30 Minuten zugedeckt bei Zimmertemperatur rasten lassen und dann durchkneten.

4. Den Teig locker zur gewünschten Osterbäckerei formen (z. B.: 2 Zöpfe) und die geformten Teigstücke nochmals 10 Minuten gehen lassen.

5. Die Teiglinge mit versprudeltem Ei bestreichen und mit Hagelzucker oder Mandelblättchen bestreuen.

6. Die Gebäcke bei ca. 165 °C Heißluft in das bereits vorgeheizte Rohr geben und für ca. 30 Minuten goldbraun backen.

# Joghurt-Dinkel-Baguette

**MENGE**
3 BAGUETTES
ODER 6 SANDWICHBROTE

**DAUER**
1 STUNDE 40 MIN.

## Zutaten:

*500 g Dinkelmehl (Type 700)*

*20 g Germ*

*200 ml lauwarmes Wasser*

*1 TL Zucker*

*3 EL Olivenöl*

*180 g **„Qualität Tirol"** Seeber Naturjoghurt*

## Zubereitung:

1. Mehl in eine Schüssel geben, eine Mulde machen und den Germ einbröseln. Zucker und etwas lauwarmes Wasser zum Germ geben und ca. 10 Minuten gehen lassen (Dampfl).

2. Die restlichen Zutaten untermischen, zu einem mittelfesten Teig verarbeiten und ca. 30 Minuten zugedeckt an einem warmen Ort rasten lassen.

3. Den Teig gut durchkneten und in 3 (oder wie gewünscht) gleich große Stücke teilen. Baguettes formen und zugedeckt nochmals ca. 30 Minuten rasten lassen.

4. Nun den Teig mit Wasser besprühen und mit einem scharfen Messer schräg einschneiden.

5. Den Backofen auf 220 °C Heißluft vorheizen und Baguettes ca. 10 Minuten backen lassen. Dann die Temperatur auf ca. 200 °C reduzieren und weitere 15 bis 20 Minuten backen.

# Sommerfrische

*Der Sommer ist für viele von uns die schönste Zeit des Jahres. Jeder Sonnenstrahl spendet reichlich Energie, die Natur lockt mit all ihrer Pracht. Wenn man Tirol von oben – bei Wanderungen in der mächtigen Bergwelt und von urigen Almen aus – betrachtet, wird der Horizont ganz weit. Auch in der Landwirtschaft herrscht im Sommer Hochsaison.*

Die Monate Juni bis August bergen wahrscheinlich die höchste Schaffenszeit für Tirols Landwirte. Was zu Jahresbeginn angefangen hat zu wachsen, präsentiert sich im Sommer in all seiner Fülle. Die Felder sind zum ersten Mal bereit zur Ernte und belohnen für die Arbeit des Frühjahrs. Keine Jahreszeit ist dabei so freigiebig wie der Sommer. Die Auswahl an frischem Gemüse ist nie so groß und bunt wie jetzt: Sommergemüse wie Bohnen, Lauch, Gurken, Tomaten oder Salat kommt vom Feld, dazu werden Obst in Form von süßen Erdbeeren – die wir besonders im erfrischenden Erdbeer-Joghurt-Drink mögen – und die ersten Äpfel eingeholt. Die vielen Sonnenstunden und warmen Temperaturen sorgen für volle Reife, wertvolle Inhaltsstoffe und authentischen Geschmack.

Für die Landwirte ist die erste Obst- und Gemüseernte jedoch kein Grund, sich auszuruhen. Die heißen Temperaturen bieten beste Voraussetzungen für die anstehende Heuernte, die abgeernteten Felder werden für die Zwischenaussaat vorbereitet und mit viel Wissen um die Kraft des Bodens erneut bewirtschaftet. Wie die Natur selbst folgt auch die Aussaat bestimmten Zyklen. Nur die richtige Fruchtfolge sichert einen nachhaltigen Ertrag.

Auch auf den heimischen Almen herrscht im Sommer reges Treiben – nicht nur ob der Wanderer, die hier zahlreich zu Gast sind, um die frische Bergluft und das satte Grün der Natur zu genießen. Anfang Juni beginnt in Tirol die Almsaison, dann dürfen auch die Tiere zur Sommerfrische in die Berge. Die Bewirtschaftung der Almen trägt wesentlich dazu bei, dass Tirol ist, wie es ist. Die Kultivierung der Natur sorgt für ein gepflegtes Landschaftsbild und dass in den Bergen jene Erholungsräume für uns Menschen entstehen, wie sie uns beinahe selbstverständlich scheinen. Almwirtschaft bedeutet mitunter harte Arbeit, doch haben sich Tirols Almen noch ihr Quäntchen Romantik bewahrt. So besonders wie die Arbeit auf der Alm sind auch die Produkte, die dort erzeugt werden – allen voran Besonderheiten wie die saisonale Almmilch und Milchprodukte wie hochwertige Butter oder spezieller Almkäse, der hier heroben in den Käsekellern seine Zeit bekommt, die er zum Reifen braucht. Manchmal hat man das Glück, ihm dabei auch zusehen zu dürfen.

## Sommer in der Küche

Die Mahlzeiten werden in dieser Zeit naturgemäß leichter. Der Körper freut sich über kühlende Nahrung, Kräuter wie Minze und bekömmliche, kalorien- und fettarme Küche mit leicht bitterer und säuerlicher Note, gerne auch ein bisschen Schärfe. Salate in all ihrer bunten Vielfalt, klassische Sommersuppen nach Belieben kalt oder lauwarm, Grillgemüse, edler Fisch wie der Kwell-Saibling mit dem Gütesiegel „Qualität Tirol", der im klaren Tiroler Quell- und Gebirgswasser heranwächst und im Buch zu einem herrlich-feinen Tartar verarbeitet wird: Sie alle beschweren den Magen nicht und sind leicht verdaulich. Genießen Sie den Sommer!

# Kräuteraufstrich

DAUER
10 MINUTEN

## Zutaten

*250 g Tiroler Sauerrahm*

*3 EL* ***„Qualität Tirol“*** *Seeber Naturjoghurt*

*2 verschiedene „Bio vom Berg“ Kräuter (je ein Bund)*

*1 „Bio vom Berg“ Knoblauchzehe*

*Salz, Pfeffer*

## Zubereitung:

1. Kräuter und Knoblauch fein hacken.
2. Mit den restlichen Zutaten vermischen und zu einem cremigen Aufstrich verarbeiten.
3. Mit Salz und Pfeffer abschmecken.
4. Bis zum Servieren kühl stellen.

# Rohnenaufstrich

DAUER
10 MINUTEN

## Zutaten

*2 gekochte Rohnen (ca. 300 g)*

*Saft einer halben Zitrone*

*1 TL* ***„Qualität Tirol“*** *Waldhonig*

*100 g* ***„Qualität Tirol“*** *Seeber Naturjoghurt*

*1 EL Kren*

*20 g* ***„Qualität Tirol“*** *Modlbutter (weich)*

*Salz*

## Zubereitung:

1. Butter schaumig rühren.
2. Die Rohnen grob würfeln, dazugeben und mit dem Pürierstab pürieren.
3. Anschließend Joghurt, Honig, Zitronensaft und Kren untermengen und gut verrühren.
4. Mit Salz abschmecken und bis zum Servieren kühl stellen.

# Goggei-Topfen-Aufstrich

DAUER
20 MINUTEN

## Zutaten

*4 „**Qualität Tirol**" Goggei*

*100 g Tiroler Topfen (20 % F. I. T.)*

*1 kl. „Bio vom Berg" Zwiebel*

*3 EL „**Qualität Tirol**" Seeber Naturjoghurt*

*1 TL Curry*

*Salz, Pfeffer*

## Zubereitung:

1. Eier kochen (ca. 8 Minuten) und auskühlen lassen.
2. Die Eier klein schneiden und pürieren.
3. Die Zwiebel fein schneiden und zur Eiermasse geben.
4. Topfen, Joghurt und Curry dazugeben und gut vermischen.
5. Mit Salz und Pfeffer abschmecken und bis zum Servieren kühl stellen.

# Kräuter-Quiche

**MENGE**
CA. 12 FORMEN Ø 10 CM

**DAUER**
1 STUNDE

## Zutaten Teig:

*280 g Weizenmehl (Type 480)*

*150 g **„Qualität Tirol“** Modlbutter*

*1 **„Qualität Tirol“** Goggei*

*Salz*

## Zutaten Fülle:

*250 g „Bio vom Berg“ Schlagrahm*

*4 **„Qualität Tirol“** Goggei*

*1 „Bio vom Berg“ Zwiebel*

*div. „Bio vom Berg“ Kräuter (Schnittlauch, Petersilie, Oregano)*

*Salz, Pfeffer*

## Zubereitung:

1. Aus Mehl und Butter einen Abtrieb machen (Mehl und Butter miteinander verbröseln).
2. Das Ei und eine Prise Salz einarbeiten und alles zu einem geschmeidigen Teig kneten.
3. Den Teig im Kühlschrank ca. 30 Minuten rasten lassen und erst dann weiterverarbeiten.
4. Kräuter fein hacken und Zwiebel fein schneiden.
5. Ei und Schlagrahm dazugeben, verquirlen und mit Salz und Pfeffer würzen.
6. Teig aus dem Kühlschrank nehmen und dünn ausrollen.
7. Den Teig in die eingefetteten Formen legen, am Rand ein wenig festdrücken und das überschüssige Ende abschneiden.
8. Den Teig am Boden der Form mit einer Gabel einige Male anstechen.
9. Die Fülle in die Form gießen und bei ca. 200 °C Ober-/Unterhitze in den vorgeheizten Backofen geben. Für 20 bis 25 Minuten auf der unteren Schiene goldbraun backen.
10. Die Quiche aus dem Backofen nehmen, ein wenig auskühlen lassen und servieren.

# Kwell-Saibling im Backpapier

**MENGE**
4 PERSONEN

**DAUER**
40 MINUTEN

## Zutaten:

*4 Filets vom **„Qualität Tirol“** Kwell-Saibling*

*1 Lauch*

*3 kl. **„Qualität Tirol“** Karotten*

*1 „Bio vom Berg“ Zucchini*

*1 Zitrone*

*4 Zweige „Bio vom Berg“ Thymian*

*Salz, Pfeffer*

*4 Bögen Backpapier*

## Zubereitung:

1. Die Karotten und die Zucchini mit einem Spiralschneider oder einem Messer zu feinen Streifen und den Lauch in Scheiben schneiden.
2. Mit dem Gemüse jeweils ein Gemüsebett (etwa in der Größe eines Filets) in die Mitte von jedem der 4 Backpapierbögen machen, anschließend mit Salz und Pfeffer würzen sowie je einen Zweig Thymian darauflegen.
3. Das Filet vom Kwell-Saibling säubern, mit dem Saft einer Zitrone säuern und salzen. Dann je ein Filet auf ein Gemüsebett legen.
4. Das Backpapier dicht verschließen und vorne sowie hinten mit einer Schnur zubinden.
5. Das Päckchen in den bereits auf ca. 200 °C vorgeheizten Backofen geben und für 20 bis 25 Minuten garen (je nach Dicke des Filets).

## Tipp:

*Den Kwell-Saibling am besten im Backpapier servieren.*

# Tartar vom Kwell-Saibling

**MENGE**
4 PERSONEN

**DAUER**
20 MINUTEN

## Zutaten:

*4 Filets vom **„Qualität Tirol“** Kwell-Saibling*

*2 „Bio vom Berg“ Zwiebeln*

*1 Bund Dill oder Koriander*

*1 Zitrone*

*2 EL Olivenöl*

*Salz, Pfeffer*

*Vogerlsalat*

## Zubereitung:

1. Die Filets von der Haut trennen, in feine Würfel schneiden und in eine Schüssel geben.
2. Die Zwiebel und die Kräuter sehr fein hacken und zum Fisch geben.
3. Das Olivenöl und etwas Saft der Zitrone hinzufügen und mit Salz und Pfeffer würzen.
4. Das Tartar mit Vogerlsalat anrichten und am besten sofort servieren und genießen!

# Kalb-Gemüse-Pfanne

**MENGE**
4–6 PERSONEN

**DAUER**
1 STUNDE

## Zutaten:

*600 g Schnitzel vom* ***„Qualität Tirol"*** *Milchkalb*

*Paprika (rot)*

*2* ***„Qualität Tirol"*** *Karotten*

*1 „Bio vom Berg" Zwiebel*

*½ „Bio vom Berg" Lauch*

*½ Brokkoli*

*150 g Zuckerschoten*

*200 g „Bio vom Berg" Pilze (Champignons)*

*Salz, Pfeffer*

*1 Chili (rot)*

*Öl*

*Sojasauce oder Gemüsebrühe*

## Zubereitung:

1. Das Kalbfleisch in Streifen schneiden und in eine Schüssel geben.
2. Chilischote fein schneiden und mit etwas Öl vermischen. Damit das Fleisch marinieren und mind. 30 Minuten ziehen lassen.
3. In der Zwischenzeit Paprika und Karotten in feine Streifen schneiden. Zwiebel und Lauch in Ringe schneiden. Den Brokkoli in kleine Rosen zerteilen und Champignons vierteln.
4. Mariniertes Kalbfleisch in einer Pfanne scharf anbraten, herausnehmen und zur Seite stellen.
5. Gemüse in die Pfanne geben, anbraten und mit etwas Sojasauce oder Gemüsesuppe ablöschen. Fleisch dazugeben, erwärmen und gleich servieren.

# Pulled Pork

**MENGE**
4–6 PERSONEN

**DAUER**
12 STUNDEN

## Zutaten:

*1,2 kg Schulter vom **„Qualität Tirol“** Hofschwein*

## Marinade:

*1 EL Paprikapulver edelsüß*

*1 EL Salz*

*1 TL Pfeffer*

*1 TL Zucker*

*1 TL Senf*

*½ TL Chilipulver (smoked)*

*½ TL Knoblauch-Granulat*

*3 EL Öl*

## Zubereitung:

1. Alle Zutaten für die Marinade in eine Schüssel geben und gut vermischen.
2. Das Fleisch mit der Gewürzmischung gründlich einreiben, in Frischhaltefolie wickeln und mind. 4 Stunden oder über Nacht marinieren lassen.
3. Das Fleisch aus der Folie nehmen, nach Erreichen der Zimmertemperatur in einen Gusseisenbräter (kein Edelstahlbräter) geben und diesen geschlossen bei 110 °C Ober-/Unterhitze für 6 bis 8 Stunden (Kerntemperatur zwischen 92 °C und 95 °C) in den Backofen geben.
4. Den Bräter aus dem Ofen nehmen, das Fleisch aus dem Bräter nehmen oder im Bräter mit 2 Gabeln zerreißen und mit dem ausgetretenen Saft marinieren.

## *Tipp:*

*Am besten mit Brot und einigen frischen Zutaten (nach Saison und Geschmack) als Burger servieren.*

*Pulled Pork kann man über eine längere Zeit sehr gut warmhalten und lässt sich auch einfrieren, falls etwas übrig bleibt.*

# Käsespätzle

**MENGE**
4 PERSONEN

**DAUER**
30 MINUTEN

## Zutaten:

*400 g griffiges Mehl*

*3 „**Qualität Tirol**" Goggei*

*200 ml „Bio vom Berg" Heumilch oder Wasser*

*Salz*

*200 g „Bio vom Berg" Bergkäse*

*2 „Bio vom Berg" Zwiebeln (klein)*

*2 EL „**Qualität Tirol**" Modlbutter*

*2 EL „**Qualität Tirol**" Butterschmalz*

*„Bio vom Berg" Schnittlauch (zum Streuen)*

*Weizenmehl für Zwiebelringe*

## Zubereitung:

1. Mehl, Eier, Milch und Salz zu einem mittelfesten Teig verarbeiten.

2. Den Teig durch ein Spätzlesieb in kochendes Salzwasser „reiben". Die Spätzle sind fertig, wenn sie an der Wasseroberfläche schwimmen. Fertige Spätzle abschöpfen, in ein großes Sieb geben und mit Wasser kalt abschrecken.

3. Zwiebel in Ringe schneiden, in Mehl wenden und in heißem Butterschmalz goldbraun herausbacken.

4. Den Bergkäse fein reiben.

5. Butter in einer Pfanne erhitzen, Spätzle dazugeben und den geriebenen Käse einarbeiten (oder in einer Auflaufform Spätzle, Käse, Spätzle schichten und im Backofen überbacken).

6. Mit Röstzwiebel und Schnittlauch bestreuen und heiß servieren.

# Huftsteak vom Almrind

**MENGE**
4 PERSONEN

**DAUER**
15 MINUTEN

## Zutaten:

*4 Stück Huftsteak vom **„Qualität Tirol"** Almrind*

*1 EL **„Qualität Tirol"** Modlbutter*

*Pflanzenöl*

*Salz, Pfeffer*

## Zubereitung:

1. Öl in einer Pfanne erhitzen und die Steaks auf beiden Seiten für ca. 2 Minuten scharf anbraten.
2. Kurz bevor die Steaks fertig sind, die Butter in die Pfanne geben und mit einem Löffel auf den Steaks verteilen.
3. Die Steaks aus der Pfanne nehmen und auf einen vorgewärmten Teller legen.
4. Den Teller mit den Steaks für ca. 10 Minuten in den bereits auf 110 °C vorgeheizten Backofen geben und rasten lassen.
5. Die Steaks aus dem Backofen nehmen und am besten mit einer Beilage aus „Qualität Tirol" Erdäpfeln servieren.

# Ofenerdäpfel
## mit Rinder-Wurzen

**MENGE**
4 PERSONEN

**DAUER**
1 STUNDE 10 MIN.

## Zutaten:

*4 große **„Qualität Tirol“** Erdäpfel*

*1 Pkg. **„Qualität Tirol“** Rinder-Wurzen*

*3 Jungzwiebeln*

*„Bio vom Berg“ Cocktailtomaten*

*250 g Tiroler Sauerrahm*

*180 g **„Qualität Tirol“** Seeber Naturjoghurt*

*1 Bund „Bio vom Berg“ Schnittlauch*

*Salz*

## Zubereitung:

1. Erdäpfel in Folie wickeln und bei 200 °C Heißluft ca. eine Stunde (je nach Größe – Anstechprobe) in den Backofen geben.

2. In der Zwischenzeit Sauerrahm, Joghurt und fein geschnittenen Schnittlauch sowie Salz zu einer Sauce vermischen.

3. Rinder-Wurzen, Jungzwiebeln fein und Tomaten in Viertel schneiden.

4. Die Erdäpfel aus dem Ofen nehmen und aus der Folie nehmen.

5. Die Erdäpfel der Länge nach einschneiden und mit Sauce füllen. Die Rinder-Wurzen, Jungzwiebeln und Tomaten drüberstreuen und heiß servieren.

# Lauwarmes Roastbeef-Sandwich
## mit Schaflkas und Honig-Senf-Sauce

**MENGE**
6 PERSONEN

**DAUER**
2 STUNDEN 30 MIN.
(+ 12 STUNDEN MARINIEREN)

## Zutaten:

*1 kg Beiried vom* ***„Qualität Tirol“*** *Almrind*

*2 EL Öl*

*2 EL Senf*

*Salz, Pfeffer*

***„Qualität Tirol“*** *Butterschmalz (zum Anbraten)*

*1 Glas* ***„Qualität Tirol“*** *Schaflkas (85 g)*

*3 „Bio vom Berg“ Tomaten*

*Rucolasalat*

*evtl. Balsamico Glace*

## Für die Sauce:

*100 g Tiroler Sauerrahm*

*1 EL* ***„Qualität Tirol“*** *Waldhonig*

*1 EL Dijonsenf*

*1 EL Estragonsenf*

*Saft einer ½ Zitrone*

*Salz, Pfeffer*

## Zubereitung:

1. Öl, Senf, Salz und Pfeffer vermischen; mit dieser Marinade das Fleisch bestreichen und gut einmassieren. Das Beiried in Folie einpacken und einige Stunden ziehen lassen (am besten über Nacht).

2. In einer ausreichend großen Pfanne Butterschmalz erhitzen und darin das Beiried auf allen Seiten anbraten. Das Fleisch aus der Pfanne nehmen und auf ein Backblech oder in eine Bratform geben.

3. Anschließend das Fleisch im vorgeheizten Backofen bei 80 °C Heißluft garen (ca. 2 Stunden), bis das Fleisch eine Kerntemperatur von 55 °C erreicht hat (medium).

4. In der Zwischenzeit alle Zutaten für die Honig-Senf-Sauce vermischen und mit Salz und Pfeffer abschmecken.

5. Das Fleisch aus dem Backofen nehmen und ca. 10 Minuten rasten lassen.

6. Das Roastbeef mit einem scharfen Messer oder einer Schneidemaschine in dünne Scheiben schneiden.

7. Sandwich aufschneiden, mit etwas Sauce bestreichen, mit Roastbeefscheiben belegen und garnieren.

## *Tipp:*

*Am besten mit Joghurt-Dinkel-Baguette servieren, siehe Rezept Seite 42.*

Summer is just round
to make the most of the
roses. Hanging baskets
the best
TED TAKEO
t miss out on
of season line

# Pikante Waffeln

**MENGE**
10 STÜCK

**DAUER**
1 STUNDE

## Zutaten:

*250 g Weizenmehl (Type 480)*

*4* ***„Qualität Tirol“*** *Goggei*

*250 ml „Bio vom Berg“ Heumilch*

*50 g* ***„Qualität Tirol“*** *Modlbutter (weich)*

*50 g „Bio vom Berg“ Bergkäse*

*1 TL Backpulver*

*½ „Bio vom Berg“ Zwiebel*

*50 g Karreespeck vom* ***„Qualität Tirol“*** *Hofschwein*

*„Bio vom Berg“ Schnittlauch*

*Salz, Pfeffer*

*Butter für Waffeleisen*

## Zubereitung:

1. Speck, Zwiebel und Schnittlauch fein schneiden und den Käse fein reiben.
2. Die restlichen Zutaten zügig zu einem weichen Teig verarbeiten, dann Speck, Zwiebel, Schnittlauch und Käse untermengen. Mit Salz und Pfeffer würzen.
3. Das Waffeleisen mit Butter einstreichen, erhitzen, laut Anleitung füllen und die Waffel im Waffeleisen goldbraun backen.

# Mini-Biskuittörtchen

**MENGE**
CA. 35 STÜCK

**DAUER**
45 MINUTEN

## Zutaten:

*2 „**Qualität Tirol**" Goggei*

*60 g Staubzucker*

*60 g Weizenmehl (Type 480)*

*1 Spr. Zitronensaft*

*1 Msp. Backpulver*

*250 ml „Bio vom Berg" Schlagrahm*

*1 Pkg. Sahnesteif*

*1 Pkg. Vanillezucker*

*„**Qualität Tirol**" Marmelad und/oder frische Früchte*

## Zubereitung:

1. Eier trennen und Eiklar zu Schnee schlagen.
2. Staubzucker und einen Spritzer Zitronensaft zum Eischnee geben und mixen.
3. Die Dotter nacheinander zugeben und weitermixen.
4. Mehl und Backpulver vorsichtig und zügig unterheben.
5. Die Masse in einen Spritzsack mit glatter Tülle füllen und auf einem Blech „Kekse" aufspritzen.
6. Bei 180 °C Heißluft für ca. 10 bis 12 Minuten ins bereits vorgeheizte Rohr geben und goldbraun backen.
7. Schlagrahm mit Sahnesteif und Vanillezucker aufschlagen.
8. Die ausgekühlten Biskuits jeweils auf der unteren Seite mit Marmelade bestreichen, mit Schlagrahm und eventuell frischen Früchten füllen und mit Staubzucker bestreuen.

# Schokoladeneis

## mit Frucht-Baiser

**MENGE**
6 PERSONEN

**DAUER**
6 STUNDEN

## Zutaten:

*300 ml „Bio vom Berg" Schlagrahm*

*200 ml „Bio vom Berg" Heumilch*

*1 Tafel Tiroler Edle purissima 75 % (50 g)*

*60 g Kristallzucker*

*6 Dotter vom **„Qualität Tirol"** Goggei*

## Zutaten Frucht-Baiser:

*6 Eiklar vom **„Qualität Tirol"** Goggei*

*120 g Kristallzucker*

*100 g **„Qualität Tirol"** Marmelad (Sorte nach Belieben)*

*evtl. 250 g „Bio vom Berg" Erdbeeren (zum Anrichten)*

## Zubereitung Eis:

1. Den Schlagrahm mit der Milch in einen Topf geben. Die Schokolade reiben und zur Rahm-Milch-Mischung geben. Kurz aufkochen lassen, vom Herd nehmen und etwas auskühlen lassen.

2. Die Dotter mit dem Zucker mixen, bis sich der Zucker auflöst und die Masse eine cremige Konsistenz hat.

3. Ein wenig von der lauwarmen Schokoladenmischung zur Zucker-Dotter-Masse geben und verrühren (angleichen). Die Masse wieder in den Topf zur restlichen „Schokoladenmilch" geben und bei kleiner Hitze oder über Dampf (darf nicht kochen) und unter ständigem Rühren ca. 10 bis 15 Minuten aufschlagen, bis die Masse etwas sämig wird.

4. Die Masse in eine oder mehrere Formen füllen und auskühlen lassen (Zimmertemperatur). Wenn die Schokomasse ausgekühlt ist, nochmals gut verrühren und in den Gefrierschrank geben.

5. Das Eis nach ca. 30 Minuten aus dem Gefrierschrank nehmen und erneut umrühren. Diesen Vorgang 4 bis 6 Mal wiederholen, damit sich nicht zu viele Eiskristalle bilden und das Eis schön cremig wird.

## Zubereitung Baiser:

1. Die Eiklar mit dem Zucker und der Marmelade in einem Topf unter ständigem Rühren für ca. 5 bis 8 Minuten erhitzen – nicht kochen.

2. Die Eiklarmasse anschließend in eine Schüssel geben und mixen (einige Minuten), bis die Masse eine feste und cremige Konsistenz hat und auf Zimmertemperatur ausgekühlt ist.

3. Die Masse in einen Spritzsack füllen und auf ein Blech mit Backpapier in der gewünschten Form aufspritzen.

4. Das Gebäck für ca. 2 bis 3 Stunden (je nach Größe) bei ca. 90 °C Heißluft im Rohr „trocknen" lassen. Nach Ende der Backzeit das Gebäck bei leicht geöffneter Backofentür weitertrocknen lassen.

## *Tipps:*

*Sollten Sie nicht das ganze Eiklar für das Baiser verwenden, dann kann man es ganz einfach einfrieren.*

*Wenn das Baiser vollständig ausgetrocknet ist, dann ist es in einer dicht verschlossenen Dose mehrere Monate haltbar.*

# Joghurttorte

**MENGE**
1 TORTE

**DAUER**
4 STUNDEN

## Zutaten:

*4 **„Qualität Tirol“** Goggei*

*120 g Staubzucker*

*80 g Weizenmehl (Type 480)*

*1 Prise Salz*

***„Qualität Tirol“** Marmelad (Sorte nach Belieben)*

*540 g **„Qualität Tirol“** Seeber Joghurt (Sorte nach Belieben)*

*150 g Staubzucker*

*6 Blatt Gelatine*

*250 ml „Bio vom Berg“ Schlagrahm*

*Früchte der Saison*

## Zubereitung:

1. Die Eier trennen, das Eiklar zu Schnee schlagen und eine Prise Salz dazugeben.
2. Wenn der Eischnee fest ist, nach und nach den Staubzucker einmixen.
3. Die Dotter einzeln dazugeben und einmixen, abschließend das Mehl zügig unterheben.
4. Die Masse in eine bemehlte Form geben und bei 180 °C in dem bereits vorgeheizten Backofen ca. 25 Minuten goldbraun backen.
5. Die Torte vollständig auskühlen lassen und den erkalteten Boden dünn mit Marmelade bestreichen.
6. Den Schlagrahm steif schlagen.
7. Joghurt und Staubzucker vermischen, die laut Beschreibung aufgelöste Gelatine hinzugeben und den steif geschlagenen Rahm unterheben.
8. Den Biskuitboden wieder in die Form geben, die Creme darauf gießen, gleichmäßig verstreichen und kaltstellen (die Creme braucht ca. 3 Stunden, um fest zu werden).
9. Wenn die Creme fest ist, kann man die Torte aus der Form nehmen und nach Belieben mit frischen Früchten oder Ähnlichem verzieren.

## *Tipp:*

*Wenn die Form nicht hoch genug ist, einen Streifen Backpapier in die Form geben und damit den Rand erhöhen.*

# Gefüllte Brandteigkrapferl

**MENGE**
8 PORTIONEN

**DAUER**
45 MINUTEN

## Zutaten Teig:

*100 ml Wasser*

*50 g **„Qualität Tirol“** Modlbutter*

*100 g Weizenmehl (Type 480)*

*2 **„Qualität Tirol“** Goggei*

*1 Prise Salz*

## Zutaten Fülle:

*250 g „Bio vom Berg“ Schlagrahm*

*180 g **„Qualität Tirol“** Seeber Naturjoghurt*

*3 EL **„Qualität Tirol“** Waldhonig*

*1 Pkg. Sahnesteif*

*250 g „Bio vom Berg“ Erdbeeren*
*oder **„Qualität Tirol“** Kirschen*

## Zubereitung:

1. Das Wasser mit Salz und Butter in einem Topf aufkochen lassen.

2. Mehl dazugeben und gleich mit einem Kochlöffel glattrühren. Die Masse unter kräftigem Rühren so lange „abbrennen“, bis sie sich in einen Klumpen verwandelt und sich auf dem Topfboden eine weiße Schicht bildet.

3. Den Teig in eine Schüssel umfüllen und leicht abkühlen lassen.

4. Die Eier aufschlagen und verquirlen. Die verquirlten Eier langsam unter den Teig rühren und vollständig einarbeiten. Den Teig so lange rühren, bis er geschmeidig ist und glänzt.

5. Den Brandteig in einen Spritzsack füllen und auf ein mit Backpapier belegtes Backblech dressieren (Achtung: Beim Backen verdoppelt sich die Masse ungefähr).

6. Im vorgeheizten Rohr bei ca. 220 °C Ober-/Unterhitze ungefähr 20 Minuten goldbraun backen. Backofen nicht vor Ende der Backzeit öffnen, sonst kann das Gebäck zusammenfallen. Nach Ablauf der Backzeit den Herd ausschalten und öffnen, die Krapfen noch weitere 3 Minuten im Backofen lassen.

7. Schlagrahm schlagen und laut Anleitung Sahnesteif dazugeben.

8. Joghurt und Honig vorsichtig unterheben. Wer es gern noch ein wenig fruchtiger mag, kann einige Beeren pürieren und ebenfalls unter die Masse heben. Die Creme in die aufgeschnittenen Krapfen dressieren. und genießen.

# Fruchtige Dessertschiffchen

**MENGE**
CA. 12 PORTIONEN

**DAUER**
45 MINUTEN

## Zutaten Schiffchen:

*300 g Weizenmehl (Type 480)*

*150 g **„Qualität Tirol“** Modlbutter*

*1 **„Qualität Tirol“** Goggei*

*1 Prise Salz*

## Zutaten Creme:

*250 g „Bio vom Berg“ Schlagrahm*

*180 g **„Qualität Tirol“** Seeber Naturjoghurt*

*3 EL **„Qualität Tirol“** Waldhonig*

*1 Pkg. Sahnesteif*

*250 g „Bio vom Berg“ Erdbeeren*
*oder **„Qualität Tirol“** Kirschen*

## Zubereitung:

1. Aus Mehl und Butter einen Abtrieb (Mehl und Butter verbröseln) machen.

2. Das Ei und eine Prise Salz einarbeiten und zu einem geschmeidigen Teig kneten.

3. Den Teig im Kühlschrank ca. 30 Minuten rasten lassen und erst dann weiterverarbeiten.

4. Die Schiffchen (Formen) leicht einfetten. Den Teig dünn ausrollen (0,5 cm) und in passende Stücke schneiden. In die Formen legen und im vorgeheizten Backofen bei ca. 170 °C Heißluft ca. 15 Minuten goldbraun backen.

5. Die Schiffchen vorsichtig aus der Form nehmen und auskühlen lassen.

6. Schlagrahm laut Anleitung mit Sahnesteif schlagen.

7. Joghurt und Honig vorsichtig unterheben. Wer es gern noch ein wenig fruchtiger mag, kann einige Beeren pürieren und ebenfalls unter die Masse heben. Die Creme am besten gleich weiterverarbeiten oder im Kühlschrank lagern.

8. Die Creme in einen Spritzsack füllen und auf die Schiffchen dressieren.

9. Die Schiffchen nach Belieben mit Erdbeeren oder anderen Früchten verzieren.

# Erdbeer-Joghurt-Drink

**MENGE**
2 PORTIONEN

**DAUER**
5 MINUTEN

## Zutaten:

*180 g „**Qualität Tirol**" Seeber Naturjoghurt*

*250 g „Bio vom Berg" Erdbeeren*

*125 ml Mineralwasser*

*2 TL „**Qualität Tirol**" Waldhonig*

*evtl. 2 EL „Bio vom Berg" Haferflocken*

## Zubereitung:

1. Erdbeeren waschen und in ein hohes Gefäß geben.
2. Joghurt, Honig und eventuell Haferflocken dazugeben und pürieren.
3. Mit Mineralwasser (je nach Bedarf) aufgießen und nochmals kurz mit dem Pürierstab aufschäumen.

## *Tipps:*

*An heißen Tagen mit Eiswürfeln und frischer Minze servieren!*

*Wenn keine frischen Früchte verfügbar sind, können auch tiefgefrorene verwendet werden.*

# Herbstzeitlose

*Das ganze Jahr über ist Tirol ein Kleinod des Genusses und reich an regionalen Lebensmitteln. Doch es ist gerade der Herbst, der ganz besondere (Boden-)Schätze hervorbringt.*

Die längsten Tage des Jahres sind vorübergezogen und die Natur bereitet sich langsam darauf vor, sich zur Ruhe zu setzen. Davor aber beschenkt sie uns mit üppigem Farbenreichtum – auch auf den Tellern. Von September bis November zeigt uns die Natur noch einmal, welche Köstlichkeiten sie zu bieten hat und erfordert von den Landwirten und Weiterverarbeitern in unserem Land unermüdlichen Einsatz.

## Hochfest der Ernte

Der Herbst ist die Zeit, Danke zu sagen. Im bäuerlichen Leben – und darüber hinaus – wird der Erntedank als besonderes Hochfest gefeiert. Das Traditionsfest wird auch kulinarisch begangen. Die Fülle an herbstlichem Obst und Gemüse ist dabei groß. Kürbisse, Karotten, Erdäpfel, Äpfel, Zwetschken, kostbare Fleischspezialitäten und feine Schmankerln von Tirols Almen sorgen für köstliche Kombinationen. So versteht sich zum Beispiel der beliebte Hokkaido-Kürbis perfekt mit dem Tiroler Jahrling, der in artgerechter Mutterkuhhaltung aufwächst und im Herbst mit den anderen Tieren von den Almen ins Tal zurückkehrt. Auch das Tiroler Almschwein darf den Sommer auf ausgewählten Sennalmen verbringen. Das zarte, gesunde Fleisch ist anschließend nur für kurze Zeit erhältlich und ein echtes saisonales Schmankerl. Im Herbst kommen außerdem die Schafe nach ihrem Almsommer retour. Der würzige Geschmack und seine Zartheit machen das Lammfleisch zu einer ganz besonderen Delikatesse. Wir haben es für Sie im Buch unter anderem zu einer edlen und genussvollen Lammkrone im Kräutermantel verarbeitet.
Ganz besonders lieben wir den Herbst, weil die Bauern einen wahren Schatz aus der Erde heben: Erdäpfel. Ihnen widmen wir in diesem Buch reichlich Rezepte, weil die Knolle herrlich vielseitig und vor allem richtig gesund ist – unter anderem enthält sie Vitamin C, Magnesium und Kalium. Das alpine Klima Tirols kommt aber nicht nur dem Erdapfel entgegen, sondern auch seinem Pendant vom Baum. Äpfel aus Tirol gibt es in den verschiedensten Varianten. Was allen gemein ist, ist ihr wunderbares Aroma. Am liebsten möchte man sofort hineinbeißen. Oder man verarbeitet sie zu süßen Apfelradln. Ein Rezept dazu finden Sie in diesem Buch. Wer Äpfel lieber flüssig mag, dem empfehlen wir den Apfelsaft mit dem Gütesiegel „Qualität Tirol", den es mittlerweile auch in Bioqualität und gespritzt mit Trinkwasser gibt.

Sommer und Herbst haben so viel zu geben, dass man oft gar nicht alles aufbrauchen kann. Während also die Landwirte den Boden ein letztes Mal im Jahr umstechen und die Erde für den Winter vorbereiten, beginnen die Küchen des Landes, die Nase mit dem heimeligen Geruch nach Marmelade, Röstern und eingelegtem Gemüse zu kitzeln. So lassen sich die warmen Monate des Jahres ins Glas füllen, um uns kulinarisch durch den Winter zu begleiten. So manches Obst indes wird zu Bränden veredelt und wärmt uns folglich von innen. Die Edelbrände mit dem Gütesiegel „Qualität Tirol" erkennt man nicht nur an ihrem hervorragenden Geschmack, sondern auf den ersten Blick gleich an der stilsicheren Tiroler Schnapsflasche. Ein herbstliches Prost.

# Knoblauchcremesuppe
## mit Speckstangerln

**MENGE**
4–6 PERSONEN

**DAUER**
40 MINUTEN

## Zutaten:

*8 „Bio vom Berg" Knoblauchzehen*

*1 **„Qualität Tirol"** Erdäpfel (vorwiegend festkochend)*

*1 „Bio vom Berg" Zwiebel*

*100 ml Weißwein (trocken)*

*250 ml „Bio vom Berg" Schlagrahm*

*750 ml Gemüsesuppe*

*2 EL **„Qualität Tirol"** Modlbutter*

*Salz, Pfeffer*

## Zubereitung:

1. Knoblauch, Zwiebel und Erdäpfel klein schneiden.
2. Butter in einem Topf erhitzen, Zwiebel, Knoblauch und Erdäpfel dazugeben und kurz anschwitzen (ohne Farbe).
3. Mit Wein ablöschen und mit der Gemüsesuppe aufgießen. Die Suppe für ca. 20 Minuten zugedeckt köcheln lassen.
4. Anschließend den Schlagrahm dazugeben und pürieren.
5. Die Suppe abschließend nochmals erhitzen und mit Salz und Pfeffer abschmecken.

## *Tipp:*

*Am besten mit knusprigen Speckstangerln servieren, Rezept auf Seite 124.*

# Erdäpfelsuppe

**MENGE**
4–6 PERSONEN

**DAUER**
30 MINUTEN

## Zutaten:

*350 g **„Qualität Tirol"** Erdäpfel (vorwiegend festkochend)*

*20 g **„Qualität Tirol"** Modlbutter*

*750 ml Gemüsesuppe*

*1 „Bio vom Berg" Zwiebel*

*„Bio vom Berg" Schlagrahm (zum Verfeinern)*

*Muskat, Salz*

*2 Scheiben Brot*

## Zubereitung:

1. Zwiebel fein schneiden und in der Butter goldbraun rösten.
2. Erdäpfel schälen und in kleine Stücke schneiden. Kurz mit den Zwiebeln anrösten und mit der Suppe aufgießen.
3. Das Ganze ca. 15 bis 20 Minuten köcheln lassen. Mit etwas Schlagrahm verfeinern, pürieren und abschließend mit Salz und Muskat würzen.
4. Für die Croutons ein wenig Butter in einer Pfanne erhitzen. Das Brot in Würfel schneiden und evtl. mit Kräutern in der Pfanne anrösten und kurz vor dem Servieren auf die Suppe streuen.

## *Tipp:*

*Die Suppe kann mit unterschiedlichen Toppings serviert werden: geröstete Schwarzbrotwürfel mit Kräutern, geröstete Kürbiskerne oder gebratener Speck.*

# Birnen-Pizza

**MENGE**
CA. 16 STÜCK

**DAUER**
1 STUNDE 30 MIN.

## Zutaten Pizzateig:

*300 g Weizenmehl (Type 480)*

*20 g Germ*

*200 ml Wasser (lauwarm)*

*3 EL Olivenöl*

*½ TL Salz*

*1 Prise Zucker*

## Zutaten Belag:

*3 bis 4 Tiroler Williams Birnen*

*300 g* ***„Qualität Tirol"*** *Kaiser Brie*

*150 g Crème Fraîche*

*1 Bund „Bio vom Berg" Thymian*

## Zubereitung:

1. Mehl in eine Schüssel geben und eine Mulde machen. Germ in die Mulde bröseln, den Zucker und etwas Wasser zum Germ geben und ca. 10 Minuten gehen lassen (Dampfl).
2. Die restlichen Zutaten dazumischen und zu einem geschmeidigen Teig verarbeiten. Den Teig zugedeckt mindestens 30 Minuten gehen lassen, bevor er weiterverarbeitet werden kann.
3. Den Teig gut durchkneten, dünn ausrollen und in gleich große Stücke teilen.
4. Die Birnen waschen, entkernen und in Scheiben schneiden.
5. Jedes Stück Teig mit etwas Crème Fraîche bestreichen und einige Scheiben Birne darauflegen.
6. Den Käse in Scheiben schneiden und auf die Birnenstücke legen.
7. Thymianblätter darüber streuen und bei 190 °C Heißluft für ca. 20 Minuten in den bereits vorgeheizten Backofen geben (bis der Käse geschmolzen und der Teig goldbraun ist).

# Gebratene Louick-Polentataler

## mit Rohnen-Apfel-Salat

**MENGE**
4 PERSONEN

**DAUER**
1 STUNDE 15 MIN.

### Zutaten Polenta:

*700 ml Wasser*

*½ TL Salz*

*200 g „Bio vom Berg" Polenta*

*100 g **„Qualität Tirol"** Louick (Schafkäse)*

*je 2 Zweige Rosmarin & Thymian*

*2 Lorbeerblätter*

*1 bis 2 EL **„Qualität Tirol"** Butterschmalz (zum Anbraten)*

### Zutaten Salat:

*3 gekochte und geschälte Rohnen*

*2 kl. **„Qualität Tirol"** Äpfel*

*Saft einer ½ Zitrone*

*Olivenöl*

*Salz, Pfeffer*

### Zubereitung:

1. In einem Topf Wasser mit Salz, Rosmarin, Thymian und Lorbeer aufkochen lassen, vom Herd nehmen und anschließend ca. 5 Minuten ziehen lassen.
2. Die Gewürze aus dem Wasser nehmen und das Wasser erneut aufkochen.
3. Die Polenta in das kochende Wasser einrühren und unter ständigem Rühren ca. 10 bis 15 Minuten köcheln lassen, bis die Polenta ausgequollen ist.
4. Den Schafkäse reiben, unter die Polenta mischen und solange rühren, bis er geschmolzen ist.
5. Die Polenta ca. 1 cm dick auf ein Backpapier streichen und auskühlen lassen.
6. Die Rohnen in kleine Würfel schneiden und in eine Schüssel geben. Die Äpfel waschen, entkernen und ebenfalls klein-würfelig schneiden und zu den Rohnen geben.
7. Den Zitronensaft und einen Schuss Olivenöl zu dem Rohnen-Apfel-Gemisch geben und mit Salz und Pfeffer abschmecken.
8. Wenn die Polenta ausgekühlt und fest geworden ist, Kreise ausstechen und diese dann in Butterschmalz auf beiden Seiten goldbraun anbraten.
9. Die Polentataler mit dem Rohnen-Apfel-Salat anrichten und mit frischem Thymian garnieren.

# Erdäpfelgratin

**MENGE**
4 BIS 6 PERSONEN

**DAUER**
1 STUNDE

## Zutaten:

*800 g „**Qualität Tirol**“ Erdäpfel (festkochend)*

*250 ml „Bio vom Berg“ Schlagrahm*

*2 „**Qualität Tirol**“ Goggei*

*100 g „Bio vom Berg“ Zillertaler (Käse)*

*„Bio vom Berg“ Schnittlauch*

*Salz, Pfeffer, Muskat*

## Zubereitung:

1. Die Erdäpfel in Salzwasser kochen (eventuell am Vortag) und auskühlen lassen.
2. Schnittlauch fein schneiden, in einer Schüssel mit den Eiern und dem Schlagrahm vermischen und mit Salz, Pfeffer und Muskat würzen.
3. Die gekochten Erdäpfel schälen und in Scheiben schneiden.
4. Die Erdäpfelscheiben in eine befettete Auflaufform legen oder schichten und mit dem Eier-Rahm-Gemisch übergießen.
5. Den Käse fein reiben und als Abschluss darüberstreuen.
6. Das Gratin für ca. 20 bis 30 Minuten im bereits vorgeheizten Backofen bei 180 °C Heißluft goldbraun backen.

# Erdäpfelrosen

**DAUER**
40 MINUTEN

## Zutaten Erdäpfelrosen:

*4 mittelgroße **„Qualität Tirol“** Erdäpfel (festkochend)*

*12 Scheiben Bauchspeck vom **„Qualität Tirol“** Hofschwein*

*5 EL Öl*

*„Bio vom Berg“ Rosmarin (Kräuter nach Belieben)*

*Salz, Pfeffer*

## Zutaten Sauce:

*180 g **„Qualität Tirol“** Seeber Naturjoghurt*

*½ Becher Tiroler Sauerrahm*

*½ „Bio vom Berg“ Zwiebel*

*„Bio vom Berg“ Schnittlauch (Kräuter nach Belieben)*

*Salz, Pfeffer*

*1 EL Zitronensaft*

## Zubereitung:

1. Erdäpfel schälen und in dünne Scheiben schneiden oder hobeln.
2. Öl, Salz, Pfeffer und Kräuter in einem ausreichend großen Gefäß mischen. Die Erdäpfelscheiben darin marinieren.
3. Jeweils 1 bis 2 Scheiben Bauchspeck aneinanderlegen und anschließend die einzelnen Erdäpfelscheiben (leicht überlappend) auf den Speck legen. Alles fest zusammenrollen und mit einem Zahnstocher fixieren.
4. Die fertigen Rosen in eine Muffinform geben und im vorgeheizten Backofen bei ca. 180 °C Heißluft für ca. 20 Minuten goldgelb backen.

## Zubereitung Sauce:

1. Kräuter und Zwiebel fein schneiden und in eine Schüssel geben.
2. Joghurt und Sauerrahm sowie den Zitronensaft dazugeben und verrühren. Den Dip mit Salz und Pfeffer abschmecken und bis zur Verwendung kühl stellen.

# Erdäpfellaibchen

**MENGE**
4 PERSONEN

**DAUER**
1 STUNDE 10 MIN.

## Zutaten:

*4 mittelgroße **„Qualität Tirol"** Erdäpfel (vorwiegend festkochend)*

*2 **„Qualität Tirol"** Goggei*

*2 EL „Bio vom Berg" Schlagrahm*

*Salz, Pfeffer, Muskat*

*Geschmackszutaten nach Belieben (Kräuter, Speck, Lauch ...)*

***„Qualität Tirol"** Butterschmalz (zum Herausbacken)*

## Zubereitung:

1. Die Erdäpfel mit der Schale kochen, schälen und noch heiß durch die Erdäpfelpresse drücken.
2. Eier und Schlagrahm zu den gepressten Erdäpfeln geben und gut vermischen.
3. Die Erdäpfelmasse mit Salz, Pfeffer sowie Muskatnuss würzen und nach Belieben gehackte Kräuter oder andere Geschmackszutaten zugeben. Den Teig ca. 30 Minuten rasten lassen, bevor die Laibchen geformt werden.
4. Aus der Masse kleine Laibchen formen. Butterschmalz in einer Pfanne erhitzen und die Erdäpfellaibchen darin langsam auf beiden Seiten goldbraun backen.

*Zubereitung des Joghurt-Dips siehe Rezept „Erdäpfelrosen" Seite 92.*

# Erdäpfel-Tacos
## mit Gemüsefülle

**MENGE**
4–6 PERSONEN

**DAUER**
40 MINUTEN

## Zutaten Erdäpfel-Tacos:

*500 g **„Qualität Tirol“** Erdäpfel (vorwiegend festkochend)*

*5 **„Qualität Tirol“** Goggei*

*250 ml „Bio vom Berg“ Heumilch*

*50 g Weizenmehl (Type 480)*

*Salz, Pfeffer*

*__„Qualität Tirol“__ Modlbutter zum Herausbacken*

## Zutaten Fülle:

*200 g Vogerlsalat*

*600 g Tiroler Gemüse nach Saison (Zucchini, Zwiebel, Paprika, Tomaten, Karotten, Kohlrabi ...)*

*Salz, Pfeffer*

*__„Qualität Tirol“__ Modlbutter zum Dünsten*

## Zubereitung:

1. Erdäpfel kochen, anschließend schälen und heiß durch die Erdäpfelpresse drücken.
2. Die Erdäpfelmasse mit Eiern, Milch, Mehl und etwas Salz und Pfeffer rasch zu einem glatten Teig verrühren und ca. 10 Minuten rasten lassen.
3. Das Gemüse waschen und in etwa gleich große Stücke schneiden.
4. Etwas Butter in einem Topf erhitzen und das Gemüse darin andünsten, mit Salz und Pfeffer abschmecken und eventuell mit Kräutern verfeinern.
5. In einer Pfanne etwas Butter erhitzen, bei mittlerer Hitze eine Portion vom Teig hineingeben und gleichmäßig dünn verteilen. Die Tacos auf beiden Seiten goldbraun backen.
6. Den Taco gleich auf einen Teller geben, mit Vogerlsalat und gedünstetem Gemüse belegen, zusammenklappen und mit Joghurt-Dip servieren.

*Zubereitung des Joghurt-Dips siehe Rezept „Erdäpfelrosen“ Seite 92.*

# Lammbraten in Rotweinsauce

**MENGE**
6 PERSONEN

**DAUER**
2 STUNDEN 30 MIN.

## Zutaten:

*ca. 1,5 kg Schlögl vom **„Qualität Tirol“** Berglamm (ohne Knochen)*

*250 ml Rotwein (trocken)*

*500 ml Rindssuppe*

*2 Zweige „Bio vom Berg“ Rosmarin*

*2 Zweige „Bio vom Berg“ Thymian*

*5 „Bio vom Berg“ Knoblauchzehen*

*2 bis 3 **„Qualität Tirol“** Karotten*

*1 „Bio vom Berg“ Zwiebel*

*1 EL Tomatenmark*

*Salz, Pfeffer*

***„Qualität Tirol“** Butterschmalz zum Anbraten*

*1 EL Maizena (um die Sauce einzudicken)*

## Zubereitung:

1. Den Schlögl mit Salz und Pfeffer würzen. Butterschmalz in einer Pfanne erhitzen und das Fleisch darin auf allen Seiten scharf anbraten.
2. Anschließend das Fleisch aus der Pfanne nehmen und in einen Bräter geben.
3. Zwiebel und Karotten grob schneiden, Knoblauch schälen und alles in die Pfanne zum Bratensatz geben und kurz anrösten.
4. Tomatenmark dazugeben und tomatisieren. Mit dem Rotwein ablöschen, einreduzieren lassen und anschließend mit Rindssuppe aufgießen.
5. Die Kräuterzweige hinzufügen, die Sauce mit dem Gemüse zum Fleisch in den Bräter geben und zudecken.
6. Den Bräter in den auf 180 °C Heißluft vorgeheizten Backofen geben und ca. 1 ½ bis 2 Stunden schmoren lassen (Kerntemperatur ca. 75 °C). Den Braten mehrmals mit Sauce oder Wasser übergießen.
7. Nach Ende der Bratzeit das Fleisch aus dem Bräter nehmen und rasten lassen. Das Gemüse und die Kräuter aus der Sauce nehmen. Die Sauce abschmecken, erneut erhitzen und mit Maizena binden.
8. Fleisch schneiden und mit der Sauce servieren.

## *Tipp:*

*Mit Gemüse der Saison servieren.*

# Kürbisratatouille

## mit gebratener Polenta

**MENGE**
4–6 PERSONEN

**DAUER**
30 MINUTEN

## Zutaten:

*700 g „Bio vom Berg" Hokkaido Kürbis*

*2 Paprika (rot und gelb)*

*1 „Bio vom Berg" Zwiebel*

*2 bis 3 „Bio vom Berg" Knoblauchzehen*

*125 ml Weißwein (trocken)*

*150 g passierte Tomaten*

*3 EL **„Qualität Tirol"** Modlbutter*

*2 Zweige „Bio vom Berg" Oregano*

*2 Zweige „Bio vom Berg" Thymian*

*2 Zweige „Bio vom Berg" Basilikum*

*½ TL Paprikapulver*

*Salz, Pfeffer*

## Zubereitung:

1. Zwiebel und Knoblauch fein schneiden.
2. In einer Pfanne die Butter erhitzen und darin Zwiebel und Knoblauch glasig dünsten.
3. Den Kürbis in mundgerechte Stücke schneiden, dazugeben und ebenfalls einige Minuten dünsten (bei mittlerer Hitze).
4. Mit dem Weißwein ablöschen und die Sauce reduzieren.
5. Paprikapulver und anschließend die passierten Tomaten dazugeben und gut einrühren.
6. Das restliche Gemüse und die Kräuter fein schneiden und dazumischen. Nochmals aufkochen lassen und mit Salz und Pfeffer abschmecken.

*Rezept Polenta siehe Rezept*
*„Gebratene Louick-Polentataler" Seite 88.*

# Filet vom Almschwein in Blätterteig

## mit Pilzfüllung

**MENGE**
6 PERSONEN

**DAUER**
1 STUNDE

## Zutaten:

*600 g Filet vom* ***„Qualität Tirol"*** *Almschwein*

*400 g „Bio vom Berg" Pilze (Champignon)*

*100 g Schinkenspeck vom*
***„Qualität Tirol"*** *Hofschwein*

*2 „Bio vom Berg" Zwiebeln*

*1 Bund „Bio vom Berg" Petersilie*

*1 Schuss Weißwein*

*Salz, Pfeffer*

## Zubereitung:

1. Butterschmalz in einer Pfanne erhitzen und das Schweinefilet darin auf allen Seiten scharf anbraten. Das Fleisch aus der Pfanne nehmen, auskühlen lassen und abschließend mit Salz und Pfeffer würzen.

2. Pilze und Zwiebeln fein schneiden. Die Zwiebeln im Bratensatz vom Filet anrösten, die Pilze dazugeben, kurz mitrösten und mit Weißwein ablöschen. Die Pilzmasse mit Salz und Pfeffer abschmecken und einreduzieren. Petersilie fein hacken, daruntermischen und etwas auskühlen lassen.

3. Den Blätterteig ausrollen, die Pilzmasse darauf verteilen.

4. Das Filet mit Schinkenspeck umwickeln und auf die Pilzmasse legen. Das Schweinefilet im Blätterteig einrollen und die Enden gut verschließen.

5. Den Blätterteig mit verquirltem Ei bestreichen und bei ca. 200 °C für 30 bis 35 Minuten im bereits vorgeheizten Backofen goldbraun backen.

## *Tipp:*

*Mit Blattspinat servieren.*

# Braten vom Grauvieh Almochs

## mit Erdäpfeltalern und Speckbohnen

**MENGE**
4–6 PERSONEN

**DAUER**
2 STUNDEN 30 MIN.
(FLEISCH AM VORTAG MARINIEREN)

## Zutaten:

*ca. 1 kg Huft vom **„Qualität Tirol"** Grauvieh Almochs*

*2 „Bio vom Berg" Zwiebeln*

*3 **„Qualität Tirol"** Karotten*

*3 bis 4 „Bio vom Berg" Knoblauchzehen*

*2 Lorbeerblätter*

*je 1 Zweig „Bio vom Berg" Thymian & Rosmarin*

*750 ml Rindssuppe*

***„Qualität Tirol"** Butterschmalz (zum Anbraten)*

## Marinade:

*4 „Bio vom Berg" Knoblauchzehen*

*2 EL Senf*

*1 EL Pflanzenöl*

*Salz, Pfeffer*

## Zubereitung:

1. Zutaten für die Marinade vermischen und das Fleisch damit einreiben, einpacken und kühl stellen. Das Fleisch einige Stunden marinieren lassen.
2. Die Karotten, Zwiebeln und den Knoblauch in größere Stücke schneiden.
3. Butterschmalz in einer Pfanne erhitzen und das Fleisch darin auf allen Seiten scharf anbraten. Den Braten aus der Pfanne nehmen und in einen Bräter geben.
4. Das grob geschnittene Gemüse zum Bratensatz geben. Kurz anrösten, mit Suppe aufgießen und aufkochen lassen.
5. Die Sauce gemeinsam mit dem Gemüse und den Kräutern zum Fleisch in den Bräter geben.
6. Den Braten bei 170 °C geschlossen in den bereits vorgeheizten Backofen geben und ca. 1 ½ bis 2 Stunden (Kerntemperatur 70 °C) schmoren lassen.
7. Den Braten aus dem Ofen nehmen und kurz rasten lassen.
8. In der Zwischenzeit die Kräuter aus der Sauce nehmen. Das Gemüse in der Sauce pürieren, etwas reduzieren lassen und mit Salz und Pfeffer abschmecken.

## Zutaten Speckbohnen:

*300 g frische Bohnen*

*6 Scheiben Bauchspeck vom*
*„**Qualität Tirol**" Hofschwein*

*1 EL „**Qualität Tirol**" Modlbutter*

## Zubereitung Speckbohnen:

1. Bohnen in Salzwasser bissfest kochen.
2. Aus den Bohnen 6 Bündel machen und mit je einer Scheibe Speck fixieren.
3. In einer Pfanne etwas Butter erhitzen und die Speckbohnen darin kurz anbraten.

# Erdäpfeltaler mit Preiselbeeren

**MENGE**
4–6 PERSONEN

**DAUER**
40 MINUTEN

## Zutaten:

*1 kg* ***„Qualität Tirol"*** *Erdäpfel (vorwiegend festkochend)*

*3* ***„Qualität Tirol"*** *Goggei*

*Salz, Pfeffer, Muskat*

*Semmelbrösel*

***„Qualität Tirol"*** *Butterschmalz (zum Herausbacken)*

## Zubereitung:

***1.*** Erdäpfel schälen, in Stücke schneiden und in Salzwasser kochen.

***2.*** Diese nun heiß pressen und kurz überkühlen lassen. Die Eier einarbeiten und mit Muskat, Salz und Pfeffer würzen.

***3.*** Semmelbrösel auf die Arbeitsfläche streuen, mit einem Löffel Häufchen aus der Erdäpfelmasse daraufgeben und darin wälzen. Nun Laibchen formen und diese kurz auf beiden Seiten in die Brösel drücken.

***4.*** Butterschmalz in einer Pfanne erhitzen und die Laibchen auf beiden Seiten bei mittlerer Hitze goldbraun herausbacken.

## *Tipp:*

*Mit Preiselbeermarmelade schmecken sie nicht nur als Beilage.*

# Kwell-Saibling mit Kräuter-Brotkruste

**MENGE**
4 PERSONEN

**DAUER**
40 MINUTEN

## Zutaten:

*4 Filets vom „**Qualität Tirol**" Kwell-Saibling*

*1 Semmel (tiefgefroren)*

*3 Zweige „Bio vom Berg" Thymian*

*1 Bund „Bio vom Berg" Petersilie*

*2 bis 3 EL Senf (Estragon)*

*1 EL „**Qualität Tirol**" Modlbutter*

*Zitronensaft*

*Salz, Pfeffer*

## Zubereitung:

1. Eine ausreichend große Auflaufform mit Butter bestreichen.
2. Die Filets abwaschen, trocken tupfen, mit etwas Zitronensaft und Salz würzen und in die Form legen.
3. Die Semmel mit einer groben Reibe zu Bröseln reiben.
4. Kräuter fein hacken, zu den Bröseln geben und mit etwas Salz und Pfeffer würzen.
5. Die Fischfilets mit Senf bestreichen, die Kräuterbrösel darauf verteilen und leicht andrücken.
6. Die Auflaufform mit dem Fisch in den auf 180 °C Heißluft vorgeheizten Ofen geben und für ungefähr 20 Minuten backen.

## *Tipp:*

*Heiß servieren, am besten mit Ratatouille, siehe Rezept „Kürbisratatouille" Seite 100.*

Sola

# Erdäpfel-Lasagne

**MENGE**
4–6 PERSONEN

**DAUER**
1 STUNDE 40 MIN.

## Zutaten:

*1 kg **„Qualität Tirol“** Erdäpfel (festkochend)*

*350 g Faschiertes vom **„Qualität Tirol“** Jahrling*

*300 g passierte Tomaten*

*150 g „Bio vom Berg“ Zillertaler (mild-aromatischer Schnittkäse)*

*2 **„Qualität Tirol“** Karotten*

*1 „Bio vom Berg“ Zwiebel*

*2 „Bio vom Berg“ Knoblauchzehen*

*„Bio vom Berg“ Basilikum, Oregano*

***„Qualität Tirol“** Modlbutter zum Anbraten & Einfetten*

*Pfeffer, Salz*

## Zutaten Bechamel:

*750 ml „Bio vom Berg“ Heumilch*

*4 EL Weizenmehl (Type 700)*

*50 g **„Qualität Tirol“** Modlbutter*

## Zubereitung:

1. Erdäpfel mit Schale für ca. 10 Minuten in Salzwasser kochen, schälen und in ca. 0,5 cm dicke Scheiben schneiden.
2. Zwiebel fein schneiden, in Butter anschwitzen.
3. Das Faschierte hinzugeben, die Karotten fein schneiden und alles zusammen anrösten.
4. Die passierten Tomaten hinzugeben und mit etwas Wasser aufgießen.
5. Die Knoblauchzehen fein schneiden und untermischen. Mit Salz, Pfeffer und Kräutern abschmecken und mindestens 30 Minuten köcheln lassen. Am Ende der Kochzeit soll das Sugo eine etwas festere Konsistenz aufweisen.
6. Für das Bechamel die Butter in einem Topf erhitzen. Das Mehl dazugeben, unter ständigem Rühren kurz anrösten lassen und mit Milch aufgießen.
7. Das Bechamel mit Salz und Muskat würzen und unter ständigem Rühren für einige Minuten kochen, bis die Sauce eine sämige Konsistenz bekommt.
8. Form für die Lasagne mit etwas Modlbutter einfetten. Mit Bechamel starten, dann folgen die Erdäpfelscheiben und anschließend das Faschierte. So Schicht für Schicht in die Form geben. Den Schluss bildet eine dünne Bechamelschicht.
9. Käse fein reiben und über die Lasagne streuen.
10. Die Erdäpfel-Lasagne bei 180 °C Heißluft für ca. 40 Minuten im bereits vorgeheizten Backofen backen.

# Apfelrosen

**MENGE**
8 STÜCK

**DAUER**
30 MINUTEN

## Zutaten:

*2 Stk. **„Qualität Tirol“** Äpfel*

*1 TL Zimt*

*1 EL Kristallzucker*

*3 EL **„Qualität Tirol“** Marmelad (Marille)*

*1 Pkg. Blätterteig*

*Staubzucker (zum Bestreuen)*

## Zubereitung:

1. Den Blätterteig in 8 gleich große Streifen schneiden.
2. Die Streifen mit Marmelade bestreichen und mit Zimt und Zucker bestreuen.
3. Die Äpfel waschen, in Viertel schneiden und entkernen. Die Viertel feinblättrig schneiden oder hobeln.
4. Die obere Hälfte der Teigstreifen mit Apfelscheiben belegen. Die untere Hälfte einklappen und zusammenrollen.
5. Die Rosen in eine Muffinform stellen und im bereits vorgeheizten Backofen bei ca. 200 °C Heißluft ca. 20 Minuten backen.
6. Mit Staubzucker bestreuen und warm oder kalt servieren.

# Zwetschkentörtchen

**MENGE**
8 TÖRTCHEN

**DAUER**
45 MINUTEN

## Zutaten:

*300 g Weizenmehl (Type 480)*

*150 g Tiroler Topfen (20 % F. I. T.)*

*50 g Staubzucker*

*1 „**Qualität Tirol**“ Goggei*

*5 EL Öl*

*5 EL „Bio vom Berg“ Heumilch*

*1 Prise Salz*

*1 Pkg. Backpulver*

## Für die Streusel und Belag:

*600 g „**Qualität Tirol**“ Zwetschken*

*30 g weiche „**Qualität Tirol**“ Modlbutter (weich)*

*60 g Weizenmehl (Type 480)*

*30 g Zucker*

*½ Pkg. Vanillezucker*

## Zubereitung:

1. Topfen, Staubzucker, Ei, Öl und Heumilch zu einer glatten Masse verrühren.
2. Anschließend das Mehl mit dem Backpulver in die Masse sieben und alles zu einem glatten Teig verarbeiten.
3. Die Zutaten für die Streusel, Butter, Mehl, Zucker und Vanillezucker miteinander verbröseln, sodass Streusel entstehen.
4. Die Zwetschken halbieren und entkernen.
5. Den Topfen-Öl-Teig in 8 gleich große Portionen teilen und zu kleinen Fladen ausrollen.
6. Die Törtchen mit den Zwetschken-Hälften belegen und die Streusel gleichmäßig darauf verteilen.
7. Die Törtchen für ca. 15 Minuten im vorgeheizten Backofen bei 180° C Heißluft backen.
8. Mit Staubzucker bestreuen und servieren!

## *Tipp:*

*Kann auch als Blechkuchen gebacken werden. Funktioniert auch mit Äpfeln und Birnen.*

# Apfel-Parfait

**MENGE**
4–6 PERSONEN

**DAUER**
45 MINUTEN
(+ 8–12 STD. GEFRIERZEIT)

## Zutaten:

*1 **„Qualität Tirol"** Apfel*

*250 ml „Bio vom Berg" Schlagrahm*

*4 **„Qualität Tirol"** Goggei*

*200 g Apfelmus*

*60 g Staubzucker*

*½ TL Zimt*

*1 EL Zitronensaft*

## Zubereitung:

1. Die Eier trennen. Nun die Dotter mit Zucker und Zimt über Dampf für einige Minuten schaumig rühren und anschließend auskühlen lassen.
2. Eiklar und Schlagrahm jeweils steif schlagen.
3. Das Apfelmus mit Zitronensaft und der ausgekühlten Dottermasse vermischen.
4. Den Schlagrahm und den Eischnee nacheinander vorsichtig unterheben.
5. Den Apfel schälen, entkernen und in kleine Stücke schneiden.
6. Die Apfelstücke auf dem Boden einer Kastenform (ca. 32 cm) oder in Förmchen verteilen und die Parfait-Masse einfüllen.
7. Das Parfait mindestens 8 Stunden oder über Nacht ins Gefrierfach geben.

## *Tipp:*

*Das Parfait 10 Minuten vor dem Anrichten aus dem Gefrierfach nehmen, so lässt sich das Parfait leichter stürzen und portionieren.*

# Apfel-Crumble

**MENGE**
6 PORTIONEN

**DAUER**
45 MINUTEN

## Zutaten:

*5 „**Qualität Tirol**" Äpfel*

*20 g „**Qualität Tirol**" Modlbutter*

*20 g Zucker*

*1 EL „**Qualität Tirol**" Waldhonig*

*1 EL Zitronensaft*

## Streusel:

*50 g „**Qualität Tirol**" Modlbutter*

*100 g Weizenmehl (Type 480)*

*50 g Zucker*

*evtl. Zitronenabrieb*

## Zubereitung:

1. Butter, Mehl und Zucker miteinander verbröseln, damit Streusel entstehen.
2. Äpfel waschen, entkernen und in kleine Stücke schneiden.
3. Butter in einer Pfanne erhitzen, die Apfelstücke zugeben und andünsten.
4. Zucker, Honig und den Zitronensaft ebenfalls in die Pfanne geben und reduzieren lassen.
5. Die Fruchtmasse noch heiß in 6 feuerfeste Formen aufteilen.
6. Streusel darüberstreuen und bei 180 °C Heißluft für ca. 30 Minuten in den bereits vorgeheizten Backofen geben, bis die Brösel goldbraun sind.

# Birnen-Tiramisu

**MENGE**
6 PORTIONEN

**DAUER**
40 MINUTEN (+ 6 BIS 8 STUNDEN ZIEHEN LASSEN)

## Zutaten:

*ca. 40 Biskotten*

*3 Tiroler Williams Birnen*

*250 g „Bio vom Berg" Schlagrahm*

*500 g Mascarpone*

*50 g Staubzucker*

*1 kl. Tasse Kaffee (kalt)*

*3 bis 4 EL* ***„Qualität Tirol"*** *Williams Schnaps*

*Kakao (zum Bestreuen)*

## Zubereitung:

1. Birnen waschen, klein schneiden und mit dem Stabmixer pürieren.
2. Schlagrahm steif schlagen.
3. Mascarpone und Staubzucker in eine Schüssel geben. Die pürierten Birnen dazugeben und gut verrühren. Den Schlagrahm vorsichtig unterheben.
4. Den Schnaps mit dem Kaffee mischen. Die Biskotten mit der Zuckerseite in das Kaffee-Schnaps-Gemisch tauchen.
5. Die Biskotten mit der trockenen Seite nach unten in eine Form schlichten.
6. Mit Creme bedecken, erneut getunkte Biskotten einschichten und mit Creme bedecken, diesen Vorgang wiederholen, bis die Creme aufgebraucht ist (die letzte Schicht soll Creme sein).
7. Die Form abdecken und das Tiramisu für mind. 6 bis 8 Stunden kaltstellen, damit es gut durchziehen kann.
8. Das Tiramisu vor dem Servieren mit Kakao bestreuen.

# Karotten-Honig-Muffins

**MENGE**
12 STÜCK

**DAUER**
40 MINUTEN

## Zutaten:

*200 g **„Qualität Tirol"** Karotten*

*3 **„Qualität Tirol"** Goggei*

*100 g Staubzucker*

*100 g Weizenmehl (Type 480)*

*1 EL **„Qualität Tirol"** Waldhonig*

*½ TL Zimt (nach Belieben)*

*50 g gemahlene Nüsse*

*(Haselnuss, Walnuss, Mandeln ...)*

*1 TL Backpulver*

*1 EL Wasser (heiß)*

## Zubereitung:

1. Die Karotten schälen und fein reiben.
2. Die Eier trennen und das Eiklar zu Schnee schlagen.
3. Die Dotter mit Zucker schaumig mixen. Den Honig und das Wasser dazugeben und noch kurz mixen. Anschließend die Karotten unterheben.
4. Mehl mit Zimt, Nüsse und Backpulver mischen und zügig unterheben.
5. Zum Schluss den Eischnee unter die Masse heben und in Muffins-Formen füllen.
6. Die Muffins für ca. 25 Minuten in den bereits vorgeheizten Backofen bei 170 °C Heißluft geben.
7. Aus dem Backofen nehmen, kurz auskühlen lassen und mit Staubzucker bestreuen.

Sola

# Speckstangerln

**MENGE**
6 PERSONEN

**DAUER**
1 STUNDE

## Zutaten:

*150 g Weizenmehl (Type 480)*

*50 g Karreespeck vom*
*„**Qualität Tirol**" Hofschwein*

*¼ Würfel Germ*

*1 Prise Zucker*

*100 ml Wasser (lauwarm)*

*1 EL Olivenöl*

*½ TL Salz*

## Zubereitung:

1. Mehl in eine Schüssel geben, eine Mulde machen und den Germ einbröseln. Den Zucker und etwas lauwarmes Wasser dazugeben und ca. 5 Minuten gehen lassen (Dampfl).

2. Die restlichen Zutaten dazugeben und zu einem geschmeidigen Teig verarbeiten.

3. Den Teig zugedeckt für ca. 30 Minuten rasten lassen. In der Zwischenzeit den Speck fein schneiden.

4. Den Teig aus der Schüssel nehmen, den fein geschnittenen Speck einarbeiten (kneten) und nun den Teig in kleine Stücke teilen.

5. Aus den Teigstücken dünne Stränge formen (diese gehen beim Backen noch etwas auf).

6. Die Stränge auf ein Backblech (mit Backpapier) geben und bei 210 °C Heißluft für ca. 15 Minuten in den bereits vorgeheizten Backofen geben und knusprig backen.

# Jausenweckerl n

**MENGE**
12–16 STÜCK

**DAUER**
1 STUNDE 15 MIN.

## Zutaten:

*250 g **„Qualität Tirol"** Wieshofer's Roggenmehl (Type 960)*

*80 g Dinkelmehl (Type 700)*

*80 g Weizenmehl (Type 480)*

*180 g **„Qualität Tirol"** Seeber Naturjoghurt*

*½ TL Salz*

*¼ Würfel Germ*

*1 TL **„Qualität Tirol"** Waldhonig*

*225 ml Wasser (lauwarm)*

*evtl. Sonnenblumenkerne, Sesam, Haferflocken (zum Bestreuen)*

## Zubereitung:

1. Mehl in eine Schüssel geben, eine Mulde machen und den Germ einbröseln. Honig und etwas lauwarmes Wasser zum Germ geben und ca. 5 Minuten gehen lassen (Dampfl).

2. Die restlichen Zutaten dazugeben und zu einem mittelfesten Teig verarbeiten.

3. Den Teig zugedeckt für mind. 30 Minuten gehen lassen.

4. Anschließend nochmals gut durchkneten und in gleich große Stücke teilen. Daraus Kugeln formen, diese auf ein Backblech geben und etwas flach drücken.

5. Die fertig geformten Weckerln zugedeckt (mit einem sauberen Geschirrtuch) noch weitere 15 bis 20 Minuten gehen lassen.

6. Die Teiglinge mit Wasser besprühen, eventuell mit Flocken oder Körnern bestreuen und im bereits vorgeheizten Backofen bei 200 °C Heißluft für ca. 20 Minuten backen.

# Zwetschkenröster

**DAUER**
30 MINUTEN

## Zutaten:

*500 g* ***„Qualität Tirol"*** *Zwetschken*

*80 g Kristallzucker*

*1 EL Zitronensaft*

*1 Zimtstange*

## Zubereitung:

1. Zwetschken waschen, entkernen und in Viertel schneiden.
2. Die Zwetschken mit Zucker und den Gewürzen in einen Topf geben, erhitzen und einige Minuten köcheln lassen (falls notwendig, etwas Wasser zugeben).
3. Die Zimtstange aus dem Röster nehmen, diesen sofort heiß in sterile Gläser füllen und dicht verschließen oder etwas auskühlen lassen und frisch genießen.

# Apfelgelee

**DAUER**
45 MINUTEN

## Zutaten:

*2 kg **„Qualität Tirol"** Äpfel (säuerlich)*

*500 ml Wasser*

*500 ml Weißwein*

*Gelierzucker 2:1*

*3 Zimtstangen*

*Saft einer ½ Zitrone*

## Zubereitung:

1. Die Äpfel waschen, entkernen und klein schneiden.
2. Die Apfelstücke in einem Topf mit Wasser und Wein weichkochen (ca. 20 Minuten).
3. Die weichgekochten Äpfel durch ein Passiertuch drücken.
4. Die ausgepresste Flüssigkeit mit Zucker (je nach Menge der Flüssigkeit, variiert je nach Apfelsorte, 1 l = 500 g Zucker) und Zitronensaft vermengen und einige Minuten (mindestens 5 Minuten) köcheln lassen.
5. Das Apfelgelee heiß in sterile Gläser abfüllen und sofort dicht verschließen.

***Gelierprobe:***
*Etwas von der heißen Fruchtmasse auf einen kleinen Teller geben. Die Marmelade sollte innerhalb von 1 bis 2 Minuten eine „marmeladige" Konsistenz haben. Sollte dies nicht der Fall sein, dann noch einige Minuten mehr köcheln lassen und die Gelierprobe wiederholen.*

# Zwetschkenmarmelade

**MENGE**
CA. 1,2 L

**DAUER**
45 MINUTEN

## Zutaten:

*1 kg* ***„Qualität Tirol"*** *Zwetschken*

*500 g Gelierzucker 2:1*

*Saft einer ½ Zitrone*

*1 Pkg. Vanillezucker*

*1–2 Zimtstangen*

## Zubereitung:

1. Zwetschken waschen, entkernen und in einen Topf geben.
2. Gelierzucker, Vanillezucker und den Saft einer halben Zitrone dazugeben.
3. Das Ganze unter ständigem Rühren erhitzen und fein pürieren.
4. Die Marmelade noch weitere 5 Minuten köcheln lassen und die Gelierprobe machen.
5. Heiß in sterile Einmachgläser füllen und fest verschließen.

***Gelierprobe:***
*Etwas von der heißen Fruchtmasse auf einen kleinen Teller geben. Die Marmelade sollte innerhalb von 1 bis 2 Minuten eine „marmeladige" Konsistenz haben. Sollte dies nicht der Fall sein, dann noch einige Minuten mehr köcheln lassen und die Gelierprobe wiederholen.*

# Apfel- und Birnenchips

**DAUER**
CA. 2 STUNDEN

## Zutaten:

*2 „**Qualität Tirol**" Äpfel*

*2 Tiroler Birnen*

*Zitronensaft*

*evtl. Zimt*

## Zubereitung:

1. Die Äpfel und Birnen waschen und in dünne Scheiben hobeln oder schneiden.

2. Die Fruchtblätter auf ein mit Backpapier belegtes Backblech legen, mit etwas Zitronensaft bestreichen und eventuell mit Zimt bestreuen.

3. Die Bleche bei ca. 100 °C Heißluft für ungefähr 1 ½ Stunden in den Backofen geben. Die Tür vom Backofen öfter öffnen, um die Feuchtigkeit entweichen zu lassen. Nach Ablauf der Zeit aus dem Ofen nehmen und nachtrocknen lassen.

# Winterwunderland

*Der Winter hat seine ganz eigenen Geräusche und Gerüche. Ist die Welt draußen in Watte gepackt, fängt es in den Kochtöpfen an, sanft zu blubbern.*

Wenn die Natur eine Pause macht, können auch unsere Landwirte etwas ruhiger treten. Außerhalb von Haus und Stall werden die Arbeiten weniger und es bleibt Zeit für stille Momente. Die Adventszeit schafft Raum dafür und schmeckt besonders gut mit selbstgebackenen Keksen. Ein Rezept für Weihnachtskekse haben wir natürlich im Buch für Sie.

Kulinarisch ist die Auswahl generell und naturgemäß geringer als in den anderen Jahreszeiten. Wer aber vorausschauend war, hat vorgesorgt und zehrt nun von den im Herbst eingekochten oder eingelagerten Vorräten. Erdäpfel und Zwiebeln eignen sich hervorragend zum Lagern (optimalerweise an kühlen, dunklen, aber trockenen Orten), aus Letzteren zaubert man winters zum Beispiel eine wärmende Zwiebelsuppe, die nach einem Tag im Schnee nicht nur besonders gut schmeckt, sondern auch stärkt. Weiters empfehlen wir auch ein herzhaftes Chili con Carne, das perfekt in die kalte Jahreszeit passt. Wie übrigens alle Eintöpfe, die nun wieder in ihrer kulinarischen Vielfalt vor sich hinschmoren. Wintergemüse wie Kraut, Karfiol, Rüben oder Wurzelgemüse sowie Lagerfrüchte sorgen außerdem für die notwendigen Nährstoffe, um uns durch den Winter zu tragen. Auch Salate wie Chicorée oder Radicchio erweisen sich als ziemlich winterfest. Frische Vitamine sind vor allem wichtig, um das Immunsystem zu stärken. Frische braucht kurze Wege, deshalb hat auch im Winter Regionalität absoluten Vorrang. Besonders mit den Vitaminen A, C und E sowie den Mineralstoffen Magnesium, Eisen und Zink sind wir für den Winter gewappnet. Wintergemüse ist im Allgemeinen sehr reich daran und wird am liebsten schonend zubereitet, damit alle Nährstoffe gut erhalten bleiben.

## Weihnachtszauber

Abseits vom gesunden Gemüse ist der Winter vermutlich die wohl üppigste Zeit des Jahres und wir finden: Das darf zwischendurch ruhig mal sein. Wenn uns rund um Weihnachten allerlei Gebäck, traditionelle Stollen, süße oder herzhafte Kiachln, heißer Punsch und Glühwein verführen, dann ist das der Lohn für ein arbeitsreiches Jahr, das in Kürze seinen Abschluss findet und im Jänner und Februar wieder einstimmt auf ein neues Leben im Jahreskreislauf. Wenn es wieder losgeht auf den Feldern, wenn Tiere in die Berge gebracht, Äcker gepflügt und Almen bewirtschaftet werden, Obst und Gemüse gesät wird und alles wieder von vorne beginnt, dann wissen wir: Es wird wieder ein arbeitsreiches Jahr für die Landwirte, aber auch ein erfüllendes und schönes. Tirol bietet uns einen wunderbaren kulinarischen Schatz, der mit viel Akribie, Wissen und Leidenschaft gehoben wird. Wir müssen achtsam mit der Natur umgehen und nehmen ihre Gaben als Geschenk an. Weil es keinen gesünderen, nahrhafteren und nachhaltigeren Weg der Ernährung gibt, als regional und saisonal zu essen und das zu allen Jahreszeiten. Und wenn das Jahr mit Silvester zu Ende geht, dann tut es das wohl am besten mit einem regionalen Gaumenschmaus.

# Zwiebelsuppe
## mit Käsekeksen

**MENGE**
4–6 PERSONEN

**DAUER**
45 MINUTEN

## Zutaten Suppe:

*700 g „Bio vom Berg" Zwiebel*

*2 „Bio vom Berg" Knoblauchzehen*

*250 ml Weißwein (trocken)*

*1 l Rindssuppe*

*2 EL Modlbutter*

*Salz, Pfeffer*

## Zutaten Kekse:

*100 g Weizenmehl (Type 700)*

*1 Prise Salz*

*evtl. ½ TL Backmalz*

*70 ml Wasser*

*50 g* ***„Qualität Tirol"*** *Tilsiter*

## Zubereitung:

1. Zwiebel schälen, halbieren und in feine Streifen schneiden. Knoblauch fein schneiden.
2. Butter in einem Topf erhitzen, Zwiebel und Knoblauch darin für einige Minuten dünsten.
3. Mit Weißwein ablöschen und mit der Suppe aufgießen. Die Suppe ca. 30 Minuten auf kleiner Flamme zugedeckt köcheln lassen.
4. In der Zwischenzeit Weizenmehl, Salz, Backmalz und Wasser für die Suppeneinlage zu einem weichen Teig verarbeiten.
5. Den Teig dünn ausrollen, mit einem Ausstecher Taler ausstechen, diese auf ein Backblech geben und mit fein geriebenem Käse bestreuen.
6. Die Käsekekse für ca. 10 Minuten bei 210 °C Heißluft im bereits vorgeheizten Backofen goldbraun backen.
7. Die Suppe mit Salz und Pfeffer abschmecken und mit den noch warmen Keksen servieren.

# Karotten-Erdäpfel-Suppe

**MENGE**
4–6 PERSONEN

**DAUER**
1 STUNDE

## Zutaten:

*600 g **„Qualität Tirol“** Karotten*

*200 g **„Qualität Tirol“** Erdäpfel*

*(vorwiegend festkochend)*

*1 „Bio vom Berg“ Zwiebel*

*½ Sellerieknolle*

*½ Lauch*

*1 „Bio vom Berg“ Knoblauchzehe*

*2 Zweige Liebstöckel (frisch)*

*1 Bund „Bio vom Berg“ Petersilie*

*1 bis 2 EL **„Qualität Tirol“** Modlbutter*

*Salz, Pfeffer*

## Zubereitung:

1. Zwiebel und Knoblauch fein schneiden.
2. Karotten und Erdäpfel schälen und in kleine Stücke schneiden.
3. Butter in einem Topf erhitzen, den fein geschnittenen Zwiebel und Knoblauch dazugeben und anrösten.
4. Anschließend das restliche kleingeschnittene Gemüse dazugeben, kurz mitrösten und mit ca. 1,5 l Wasser aufgießen.
5. Lauch und Sellerie in große Stücke teilen und zur Suppe geben.
6. Die Liebstöckelzweige im Ganzen dazugeben und mit Salz und Pfeffer würzen.
7. Die Suppe für 30 bis 40 Minuten zugedeckt köcheln lassen und bei Bedarf noch etwas Wasser zugeben.
8. Am Ende der Kochzeit Lauch, Sellerie und Liebstöckel aus der Suppe nehmen.
9. Die Suppe mit einem Pürierstab fein pürieren und mit Salz und Pfeffer abschmecken.
10. Mit fein geschnittener Petersilie bestreuen und heiß servieren!

# Naturschnitzel vom Grauvieh Almochs

## in leichter Tomatensauce

**MENGE**
4–6 PERSONEN

**DAUER**
1 STUNDE 30 MIN.

## Zutaten:

*6 Schnitzel vom*
*„**Qualität Tirol**“ Grauvieh Almochs*

*1 „Bio vom Berg“ Zwiebel*

*750 ml Rindssuppe*

*3 EL Tomatenmark*

*1 EL Mehl*

*2 EL „**Qualität Tirol**“ Butterschmalz*

*1 EL „**Qualität Tirol**“ Modlbutter*

*Salz, Pfeffer*

## Zubereitung:

1. Die Schnitzel leicht klopfen und auf beiden Seiten mit Salz und Pfeffer würzen.

2. Butterschmalz in einer Pfanne erhitzen und die Schnitzel beidseitig scharf anbraten. Fleisch aus der Pfanne nehmen und zugedeckt zur Seite stellen. Das übrige Butterschmalz aus der Pfanne gießen.

3. Zwiebel fein schneiden und mit etwas Butter in der Pfanne mit dem Bratensatz goldbraun anrösten. Mit dem Tomatenmark tomatisieren (bis sich am Pfannenboden ein orange-brauner Belag bildet), mit dem Mehl bestäuben, kurz rösten und mit der Suppe aufgießen.

4. Die Sauce aufkochen lassen, die Schnitzel in die Sauce geben und ca. 1 Stunde zugedeckt köcheln lassen. Bei Bedarf mit etwas Wasser aufgießen.

# Faschierte Nockerl im Speckmantel
## mit Käsefüllung

**MENGE**
4 PERSONEN

**DAUER**
40 MINUTEN

## Zutaten:

*500 g Faschiertes vom „**Qualität Tirol**" Jahrling*

*24 Scheiben Bauchspeck vom*
*„**Qualität Tirol**" Hofschwein*

*½ Becher Tiroler Sauerrahm*

*1 „**Qualität Tirol**" Goggei*

*1 Semmel (tiefgefroren)*

*1 „Bio vom Berg" Zwiebel*

*„Bio vom Berg" Kräuter Petersilie & Majoran*

*150 g „Bio vom Berg" Zillertaler*
*(fein-würziger Schnittkäse)*

*Salz, Pfeffer*

## Zubereitung:

1. Das Faschierte, Sauerrahm, Ei, Salz und Pfeffer in eine Schüssel geben.
2. Zwiebel und Kräuter fein schneiden. Die tiefgefrorene Semmel klein-würfelig schneiden, alles zur faschierten Masse geben und gut vermischen.
3. Die Masse sowie den Käse in 12 gleich große Portionen bzw. Stücke teilen.
4. Aus der Hackmasse Kugeln formen und diese flachdrücken. Je ein Stück Käse darauflegen, mit dem Faschierten ummanteln und ein Nockerl daraus formen.
5. Jedes Nockerl mit 2 Scheiben Bauchspeck umwickeln und in eine Auflaufform geben.
6. Die Form mit den Nockerln bei ca. 170 °C Heißluft für ca. 25 Minuten in den vorgeheizten Backofen geben und backen.

# Ragout vom Almrind

## mit cremiger Polenta

**MENGE**
4 PERSONEN

**DAUER**
2 STUNDEN

### Zutaten Ragout:

*500 g Gusto vom **„Qualität Tirol"** Almrind*

*2 **„Qualität Tirol"** Karotten*

*1 „Bio vom Berg" Zwiebel*

*½ Sellerieknolle*

*1 „Bio vom Berg" Knoblauchzehe*

*500 ml Rotwein*

*500 ml Rindssuppe*

***„Qualität Tirol"** Butterschmalz*

***„Qualität Tirol"** Modlbutter*

*2 bis 3 EL Tomatenmark*

*2 Zweige „Bio vom Berg" Thymian*

*Salz, Pfeffer*

### Zubereitung Ragout:

1. Karotten und Sellerie schälen und würfelig schneiden. Zwiebel und Knoblauch schälen und fein schneiden.
2. Das Fleisch in ca. 2 cm große Stücke schneiden und in einer ausreichend großen Pfanne mit etwas Butterschmalz anbraten. Anschließend das Gemüse, die Zwiebeln sowie den Knoblauch hinzugeben und kurz mitbraten.
3. Das Tomatenmark hinzufügen (tomatisieren) und rösten, bis sich am Boden ein bräunlicher Belag bildet.
4. Mit Salz und Pfeffer würzen und mit Rotwein ablöschen. Mit der Rindssuppe aufgießen und aufkochen lassen.
5. Die Thymianzweige hinzugeben und ca. 1 ½ Stunden zugedeckt köcheln lassen.
6. Die fertig gegarten Fleischstücke und den Thymian aus der Pfanne geben.
7. Das Gemüse in der Sauce mit dem Mixstab pürieren und mit Salz und Pfeffer abschmecken.
8. Zum Schluss das Fleisch wieder in die Sauce geben und nochmals erwärmen.

## Zutaten Polenta:

*400 ml Wasser*

*70 g „Bio vom Berg“ Polenta*

*30 g **„Qualität Tirol“** Modlbutter*

*30 g „Bio vom Berg“ Bergkäse*

*1 Zweig „Bio vom Berg“ Rosmarin*

*1 Zweig „Bio vom Berg“ Thymian*

*1 Lorbeerblatt*

*½ TL Salz*

## Zubereitung Polenta:

1. Wasser mit Salz, Rosmarin, Thymian und Lorbeerblatt aufkochen, zur Seite stellen und ca. 5 Minuten ziehen lassen. Anschließend die Gewürze aus dem Wasser nehmen.

2. Wasser erneut aufkochen lassen und die Polenta in das kochende Wasser einrühren. Die Polenta ca. 15 Minuten bei schwacher Hitze köcheln lassen, bis sie ausgequollen ist.

3. Zum Schluss die Butter und den geriebenen Bergkäse unterrühren, bis der Käse mit der Polenta verschmolzen ist.

# Champignon-Geschnetzeltes
## vom Grauvieh Almochs

**MENGE**
4–6 PERSONEN

**DAUER**
1 STUNDE 30 MIN.

## Zutaten:

*600 g Fleisch vom* ***„Qualität Tirol"*** *Grauvieh Almochs (z. B. : Weißes Scherzel)*

*2 „Bio vom Berg" Zwiebeln*

*750 ml Rindssuppe*

*400 g „Bio vom Berg" Pilze (Champignons)*

*1 EL Senf (Estragon)*

*1 EL Mehl*

***„Qualität Tirol"*** *Modlbutter*

***„Qualität Tirol"*** *Butterschmalz*

*Salz, Pfeffer*

## Zubereitung:

1. Fleisch in feine Streifen schneiden, mit Salz und Pfeffer würzen.
2. Das Fleisch in Butterschmalz kurz scharf anbraten und anschließend aus der Pfanne nehmen.
3. Noch ein wenig Butter in die Pfanne geben und die klein geschnittenen Zwiebeln in dem Bratensatz goldgelb anbraten.
4. Champignons in Scheiben schneiden und mit den Zwiebeln mitrösten.
5. Senf und Mehl dazugeben, gut umrühren, kurz anrösten und mit der Suppe aufgießen.
6. Wenn die Sauce kocht, das Fleisch wieder in die Pfanne geben und ca. 1 Stunde zugedeckt köcheln lassen. Bei Bedarf mit Wasser aufgießen.

# Roulade mit Goggei

## vom Grauvieh Almochs

**MENGE**
4–6 PERSONEN

**DAUER**
2 STUNDEN

## Zutaten:

*6 Schnitzel **„Qualität Tirol"** Grauvieh Almochs*

*6 **„Qualität Tirol"** Goggei*

*12 Scheiben **„Qualität Tirol"** Hofschwein Bauchspeck*

*3 EL Senf*

*2 kl. „Bio vom Berg" Zwiebeln*

*1 EL Mehl*

*750 ml Rindssuppe*

***„Qualität Tirol"** Butterschmalz*

***„Qualität Tirol"** Modlbutter*

*Salz, Pfeffer*

## Zubereitung:

1. Die Eier ca. 7 Minuten kochen (wachsweich), leicht auskühlen lassen und schälen.

2. Das Fleisch leicht klopfen, mit Salz und Pfeffer auf beiden Seiten würzen und auf einer Seite mit Senf bestreichen und mit Speck belegen.

3. Das Ei daraufgeben und vorsichtig einrollen. Die Rouladen mit einer Küchennadel oder mit Zahnstochern fixieren.

4. Etwas Butterschmalz in einer Pfanne erhitzen, darin die Rouladen auf allen Seiten scharf anbraten und aus der Pfanne nehmen.

5. Zwiebeln fein schneiden, etwas Modlbutter in der Pfanne mit dem Bratensatz erhitzen und darin die Zwiebeln goldbraun anrösten. Mit etwas Mehl stauben, kurz anrösten und anschließend mit Suppe aufgießen.

6. Die Rouladen in die köchelnde Sauce legen und zugedeckt für ca. 1 Stunde weiterköcheln lassen. Die Rouladen regelmäßig wenden und bei Bedarf mit etwas Wasser aufgießen.

# Chili con Carne
## vom Berglamm

**MENGE**
4 PERSONEN

**DAUER**
1 STUNDE

## Zutaten:

*400 g Fleisch vom* ***„Qualität Tirol"***
*Berglamm (Schulter)*

*500 ml Rindssuppe*

*2 „Bio vom Berg" Knoblauchzehen*

*1 Paprika (rot)*

*170 g Kidneybohnen (gekocht)*

*2 „Bio vom Berg" Tomaten*

*1 „Bio vom Berg" Zwiebel*

*2 EL* ***„Qualität Tirol"*** *Butterschmalz*

*4 EL Tomatenmark*

*1 rote Chili (scharf)*

*Salz, Pfeffer, Kreuzkümmel*

*evtl. frischer Koriander*

## Zubereitung:

1. Die Lammschulter von Sehnen und Fett befreien und in ca. 1 cm große Würfel schneiden.
2. Die Zwiebel und den Knoblauch schälen und fein schneiden. Die Paprika waschen, entkernen und feinwürfelig schneiden. Die Bohnen abseihen.
3. Das Butterschmalz in einem Topf erhitzen und die Zwiebel und den Knoblauch glasig dünsten.
4. Das Fleisch dazugeben, anbräunen lassen und anschließend das Tomatenmark zugeben und kurz mitrösten.
5. Mit der Suppe aufgießen und das Fleisch zugedeckt weich dünsten (ca. 40 Minuten).
6. Die Tomaten klein schneiden und zusammen mit dem Paprika und einer feingeschnittenen Chilischote zum Fleisch geben.
7. Das Chili köcheln lassen, bis die Tomaten und der Paprika etwas weich sind. Dann die Kidneybohnen dazugeben.
8. Das Chili noch einmal kurz aufkochen lassen und mit Salz, Pfeffer, Kreuzkümmel und eventuell mit frischem Koriander abschmecken.

## *Tipp:*

*Am besten mit Joghurt-Dinkel-Baguette servieren* *(vgl. Rezept S. 42)!*

# Ofenkäse

**MENGE**
4–6 PERSONEN

**DAUER**
40 MINUTEN

## Zutaten:

*1 **„Qualität Tirol“** Kaiser Brie im Ganzen (ca. 0,9 kg)*

*5 **„Qualität Tirol“** Karotten (oder auch Paprika, Kohlrabi ...)*

*1 kg **„Qualität Tirol“** Erdäpfel (festkochend)*

*1 bis 2 Zweige „Bio vom Berg“ Oregano*

*1 EL **„Qualität Tirol“** Modlbutter*

*1 Baguette*

## Zubereitung:

1. Den Käse im Ganzen in eine Auflaufform legen, diese auf ein Backblech stellen und bei 180 °C Heißluft für ca. 20 Minuten in den Backofen geben.

2. In der Zwischenzeit die Erdäpfel ca. 10 Minuten in Salzwasser kochen sowie das Gemüse und das Brot in Stücke schneiden.

3. Den Käse aus dem Backofen nehmen und den Deckel in Viertel einschneiden. Die Viertel aufklappen oder den Deckel rundherum aufschneiden und herunternehmen.

4. Die Butter auf dem heißen Backblech verteilen und die Erdäpfel daraufgeben.

5. Das Blech mit dem Käse und den Erdäpfeln nochmals bei 180 °C für ca. 10 Minuten in den Backofen geben. Den Käse mit einer Gabel mehrmals vorsichtig umrühren und die Erdäpfel nach 5 Minuten wenden.

6. Alles aus dem Backofen nehmen, den Käse mit Oregano bestreuen und gleich servieren.

# Schweinsbraten

**MENGE**
6 PERSONEN

**DAUER**
2 STUNDEN 30 MIN.
(AM VORTAG MARINIEREN)

## Zutaten Braten:

*2 kg Karee mit Schwarte vom* ***„Qualität Tirol"*** *Hofschwein*

*2 EL* ***„Qualität Tirol"*** *Butterschmalz*

*1 l Gemüsesuppe*

*1 „Bio vom Berg" Zwiebel*

*2* ***„Qualität Tirol"*** *Karotten*

## Zutaten Marinade:

*5 „Bio vom Berg" Knoblauchzehen*

*1 TL Kümmel*

*1 TL Salz*

*Pfeffer*

*2 EL Senf*

*1 bis 2 EL Pflanzenöl*

## Zubereitung:

1. Marinade zubereiten. Knoblauch fein schneiden mit Kümmel, Salz, Pfeffer, Senf und Öl vermischen.
2. Die Schwarte vom Braten rautenförmig einschneiden (die Abstände nicht zu groß wählen).
3. Die Marinade auf dem Braten verteilen und das Fleisch damit gut einreiben. Den Braten vakuumieren oder in Frischhaltefolie wickeln und einige Stunden kühl stellen.
4. Den Braten aus der Folie nehmen. In einem Bräter Butterschmalz erhitzen und den Braten auf der Fleischseite scharf anbraten, anschließend mit Suppe aufgießen und umdrehen (Schwarte unten).
5. Karotten und Zwiebel in grobe Stücke schneiden und zur Suppe geben.
6. Den Braten bei 180 °C Heißluft in den bereits vorgeheizten Backofen geben (für ca. 2 Stunden).
7. Den Braten in der ersten Stunde alle 10 bis 15 Minuten mit Suppe/Wasser übergießen.
8. Nach einer Stunde den Braten umdrehen (Schwarte oben) und eine weitere Stunde braten. Die Schwarte nicht mehr übergießen! Wenn die Schwarte noch zu wenig knusprig ist, 5 bis 10 Minuten vor Ablauf der Bratzeit den Backofen auf die Grillfunktion schalten, bis die Schwarte Blasen bildet.
9. Braten aus dem Bräter nehmen , kurz rasten lassen.
10. Das Gemüse in der Sauce pürieren und mit Salz und Pfeffer abschmecken.

# Pasta mit BologNese
## vom Jahrling

**MENGE**
4 PERSONEN

**DAUER**
1 STUNDE 30 MIN.

## Zutaten:

*400 g Faschiertes vom* ***„Qualität Tirol"*** *Jahrling*

*1 „Bio vom Berg" Zwiebel*

*3 „Bio vom Berg" Knoblauchzehen*

*2* ***„Qualität Tirol"*** *Karotten*

*¼ Sellerie*

*700 ml passierte Tomaten*

*250 ml Rotwein*

*2 EL* ***„Qualität Tirol"*** *Modlbutter*

*„Bio vom Berg" Kräuter*
*(Basilikum, Oregano, Rosmarin)*

*„Bio vom Berg" Bergkäse zum Bestreuen*

*Salz, Pfeffer*

*500 g Nudeln*

## Zubereitung:

1. Butter in einer Pfanne erhitzen, Zwiebeln, Karotten, Knoblauch und Sellerie fein schneiden, darin einige Minuten rösten und mit dem Wein ablöschen.
2. In einem anderen Topf Butter erhitzen und das Faschierte scharf anbraten. Mit den passierten Tomaten aufgießen, die Gemüsepfanne dazugeben und köcheln lassen.
3. Mit Salz und Pfeffer würzen. Basilikum, Rosmarin und Oregano fein schneiden, dazugeben und ca. eine Stunde köcheln lassen.
4. In der Zwischenzeit die Nudeln in ausreichend Salzwasser al dente kochen.
5. Nudeln mit Sauce servieren und mit Bergkäse bestreuen.

# Geschmortes Hofschwein

## mit Gemüse

**MENGE**
4–6 PERSONEN

**DAUER**
3 STUNDEN 30 MIN.

## Zutaten:

*1 kg Schopf vom* ***„Qualität Tirol"*** *Hofschwein*

*2 „Bio vom Berg" Zwiebeln*

*5* ***„Qualität Tirol"*** *Karotten*

*5* ***„Qualität Tirol"*** *Erdäpfel (festkochend)*

*½ Lauch*

*1 „Bio vom Berg" Knoblauchzehe*

*1 Zweig „Bio vom Berg" Thymian*

*700 ml Gemüsesuppe*

*evtl. 100 ml Weißwein (trocken)*

*2 EL Tomatenmark*

*1 EL Mehl*

*2 EL* ***„Qualität Tirol"*** *Butterschmalz*

***„Qualität Tirol"*** *Modlbutter*

*Salz, Pfeffer*

## Marinade:

*3 EL Pflanzenöl*

*1 TL Salz*

*Pfeffer*

## Zubereitung:

1. Für die Marinade Öl mit Salz und Pfeffer vermischen. Das Fleisch mit der Marinade einreiben und nach Möglichkeit einige Stunden ziehen lassen.

2. Etwas Butterschmalz in einer Pfanne erhitzen und das Fleisch darin auf allen Seiten scharf anbraten. Anschließend das Fleisch aus der Pfanne geben und in einen Bräter legen.

3. Das überschüssige Butterschmalz aus der Pfanne gießen und etwas Butter hineingeben.

4. Zwiebel und Knoblauch fein schneiden, in die Pfanne zum Bratenrückstand geben und bei mittlerer Hitze anrösten.

5. Karotten und Lauch in grobe Stücke schneiden und kurz mitrösten. Anschließend das Tomatenmark dazugeben und tomatisieren. Das Mehl zugeben und kurz mitrösten.

6. Mit Wein (oder Suppe) ablöschen, kurz köcheln lassen und mit Suppe aufgießen und aufkochen lassen.

7. Das Gemüse aus der Pfanne nehmen und mit dem Thymian in den Bräter zum Fleisch geben. Die restliche Sauce in der Pfanne pürieren und in den Bräter gießen.

8. Erdäpfel schälen, in Viertel schneiden und ebenfalls 1 Stunde, bevor der Braten herausgenommen wird, in den Bräter geben.

9. Den Bräter zugedeckt bei ca. 160 °C Heißluft in den bereits vorgeheizten Backofen geben und ca. 2,5 bis 3 Stunden schmoren lassen.

# Apfelradeln
## im Bierteig

**MENGE**
4 PERSONEN

**DAUER**
30 MINUTEN

## Zutaten:

*4 „**Qualität Tirol**" Äpfel (säuerlich)*

*300 ml „**Qualität Tirol**" Tyroler Imperial Zwickl (Bier)*

*140 g Weizenmehl (Type 700)*

*20 g zerlassene „**Qualität Tirol**" Modlbutter*

*Salz, Vanillezucker*

*„**Qualität Tirol**" Butterschmalz*

*Zitronensaft (zum Marinieren der Apfelscheiben)*

*30 g Kristallzucker*

*½ TL Zimt (gemahlen)*

## Zubereitung:

1. Aus Mehl, Bier und zerlassener Butter einen glatten Teig herstellen – mit einer Prise Salz und etwas Vanillezucker aromatisieren.

2. Die Äpfel schälen, das Kerngehäuse entfernen und die Äpfel in ca. 1–2 cm dicke Ringe schneiden. Die Apfelscheiben mit Zitronensaft beträufeln, in Mehl wenden und durch den Bierteig ziehen.

3. Ausreichend Butterschmalz in einer Pfanne erhitzen und die Apfelradeln darin schwimmend auf beiden Seiten goldgelb backen. Gut abtropfen lassen, noch heiß in einer Mischung aus Zimt und Zucker wenden, oder pur genießen.

# Kleiner Stinker mit Thymian und Honig

## im Strudelteig

**MENGE**
4 PERSONEN

**DAUER**
30 MINUTEN

## Zutaten:

*300 g **„Qualität Tirol“** Kleiner Stinker (Weichkäse)*

*20 g **„Qualität Tirol“** Waldhonig*

*1 Pkg. Strudelteig*

*40 g **„Qualität Tirol“** Modlbutter*

*2 **„Qualität Tirol“** Äpfel*

*50 g Kristallzucker*

*Weißwein (trocken)*

*2 Zweige „Bio vom Berg“ Thymian*

*Bindfaden (lebensmittelecht)*

## Zubereitung:

1. Den Käse in Würfel schneiden und mit dem Honig und dem abgezupften Thymian vermischen.
2. Strudelteig in gleich große Stücke schneiden, dabei darauf achten, dass die Stücke nicht zu klein sind – diese werden dann gefüllt zugebunden.
3. Die Strudelteig-Blätter mit flüssiger Butter bestreichen und je zwei übereinanderlegen. Etwas von der Käsemischung auf die Teigblätter geben, Säckchen formen und zubinden.
4. Im vorgeheizten Backofen auf einem Backblech mit Backpapier bei ca. 180 °C für 5–7 Minuten goldgelb backen.
5. In der Zwischenzeit die Äpfel schälen, entkernen und in kleine Würfel schneiden.
6. Etwas Butter in einer Pfanne erhitzen. Die Apfelstücke mit dem Zucker in die Pfanne geben und anrösten. Mit einem Schuss Weißwein ablöschen und knackig dünsten lassen.
7. Das Strudelteigsackerl auf einen Teller geben, mit den Äpfeln anrichten und mit den frischen Kräutern garnieren.

# Topfenbällchen
## mit Zwetschkenröster

**MENGE**
4–6 PERSONEN

**DAUER**
30 MINUTEN

## Zutaten:

*2 **„Qualität Tirol"** Goggei*

*250 g Weizenmehl (Type 480)*

*250 g Tiroler Topfen (20 % F. I. T.)*

*120 g Staubzucker*

*½ Pkg. Backpulver*

*Salz*

***„Qualität Tirol"** Butterschmalz (zum Herausbacken)*

## Zubereitung:

1. Alle Zutaten in eine Schüssel geben und zügig zu einem geschmeidigen Teig verarbeiten.

2. Das Butterschmalz in einem Topf erhitzen (mittlere Hitze). Ausreichend Butterschmalz verwenden, damit die Bällchen schwimmend herausgebacken werden können.

3. Den Teig mit 2 Teelöffeln rasch zu kleinen Kugeln formen, diese ins heiße Butterschmalz geben und bei mittlerer Hitze goldgelb herausbacken.

4. Die Bällchen aus dem Butterschmalz nehmen, auf ein Blatt Küchenrolle legen und etwas abtropfen lassen. Die Bällchen mit etwas Staubzucker bestreuen und am besten frisch mit Zwetschkenröster genießen.

*Zwetschkenröster siehe Rezept Seite 128.*

# Apfeltaschen
## aus Dinkelvollkorn

**MENGE**
CA. 25 STÜCK
(RUND, MIT 9 CM DURCHMESSER)

**DAUER**
1 STUNDE 15 MIN.

## Zutaten:

*250 g Dinkelvollkornmehl*

*250 g Tiroler Topfen (20 % F. I. T.)*

*125 g **„Qualität Tirol“** Modlbutter*

*1 **„Qualität Tirol“** Goggei*

*1 Prise Salz*

*3 bis 4 **„Qualität Tirol“** Äpfel*

*2 EL geriebene Nüsse*

*1 EL Zitronensaft*

*3 EL **„Qualität Tirol“** Waldhonig*

## Zubereitung:

1. Die Butter mit dem Mehl verbröseln (einen Abtrieb machen).
2. Topfen, Ei und Salz dazugeben und zu einem geschmeidigen Teig kneten. Den Teig anschließend ca. 30 Minuten im Kühlschrank rasten lassen.
3. In der Zwischenzeit die Äpfel waschen, entkernen, in kleine Stücke schneiden und in eine Schüssel geben.
4. Die geriebenen Nüsse, Honig und den Zitronensaft untermengen.
5. Den Teig dünn ausrollen und Kreise mit ca. 9 cm Durchmesser ausstechen.
6. Etwas von der Apfelfülle auf die Teigstücke geben, diese zusammenklappen und mit einer Gabel oder den Fingern am Rand gut verschließen.
7. Die Teigstücke auf ein mit Backpapier belegtes Backblech legen und mit dem ausgetretenen Saft der Apfelfülle bepinseln.
8. Die Apfeltaschen bei 180 °C Heißluft für ca. 25 Minuten in den bereits vorgeheizten Backofen geben.
9. Eventuell mit Staubzucker bestreuen und am besten gleich frisch genießen.

# Joghurt-Rahm-Dessert

**MENGE**
6 PORTIONEN

**DAUER**
15 MINUTEN
(12 STD. KÜHL STELLEN)

## Zutaten:

*360 g **„Qualität Tirol“** Seeber Naturjoghurt (2 Becher)*

*290 ml „Bio vom Berg“ Schlagrahm*

*90 g Staubzucker*

*1 Pkg. Vanillezucker*

*Geriebene Zitronenschale oder 1 TL Zitronensaft*

*100 g Kristallzucker für Karamell*

*50 g Tiroler Edle (70-prozentige Schokolade)*

## Zubereitung:

1. Joghurt, Zucker und Zitronensaft in eine Schüssel geben und gut verrühren.
2. Den Schlagrahm steif schlagen und vorsichtig unter die Joghurtmasse heben.
3. 6 Siebe (oder ein großes) mit einem sauberen Tuch (z. B. Geschirrtuch) auslegen und die Joghurt-Rahm-Masse einfüllen. Die Siebe über eine Schüssel hängen und über Nacht kühl stellen (mind. 12 Stunden).
4. Zucker in einen kleinen Topf geben.
5. Bei mittlerer Hitze den Zucker schmelzen und umrühren.
6. Wenn der Zucker geschmolzen ist und eine goldgelbe Farbe hat, vom Herd nehmen und mit einer Gabel auf einem Backpapier verschiedene Gitter ziehen.
7. Schokolade grob hacken und über das Dessert streuen.

# Bratapfel

**MENGE**
4 PORTIONEN

**DAUER**
40 MINUTEN

## Zutaten:

*4 **„Qualität Tirol"** Äpfel (säuerlich)*

*3 EL **„Qualität Tirol"** Waldhonig*

*3 EL geriebene Nüsse*
*(Walnüsse, Haselnüsse, Mandeln ...)*

*1 EL **„Qualität Tirol"** Modlbutter*

*Saft einer ½ Zitrone*

*1 EL Rosinen*

*Zimt*

## Zubereitung:

1. Den Deckel von den Äpfeln abschneiden und das Kerngehäuse entfernen.
2. Honig, Nüsse, Rosinen, Zitronensaft und Zimt vermischen und die Äpfel damit füllen.
3. Auf jeden gefüllten Apfel ein kleines Stück Butter legen.
4. In eine feuerfeste Form geben und bei 180 °C Heißluft für ca. 30 Minuten im bereits vorgeheizten Backofen backen.

# Eierlikör

**MENGE**
CA. 0,9 L

**DAUER**
1 STUNDE

## Zutaten:

*5 Dotter vom **„Qualität Tirol"** Goggei*

*500 ml „Bio vom Berg" Schlagrahm*

*200 g Staubzucker*

*200 ml Alkohol (Ansatzkorn Frau Rosis 50 Vol.%)*

*2 EL Rum*

*1 Pkg. Vanillezucker*

## Zubereitung:

1. Die Eier trennen und die Dotter in eine Rührschüssel geben. Das Eigelb über Dampf schaumig mixen.
2. Den Staubzucker und Vanillezucker nach und nach dazugeben und für einige Minuten weitermixen, bis die Masse eine schaumige Konsistenz bekommt.
3. Unter ständigem Rühren den Schlagrahm langsam zugeben und noch einige weitere Minuten mixen. Die Eiermasse an einem kühlen Ort auskühlen lassen.
4. Wenn die Eiermasse komplett erkaltet ist, den Alkohol langsam mit dem Schneebesen unterrühren und mit Rum abschmecken.
5. Den Likör in vorbereitete sterile Flaschen füllen, verschließen, mit einem Etikett versehen und im Kühlschrank lagern.

## *Tipps:*

*Für die Herstellung von Eierlikör möglichst frische Eier verwenden.*

*Rezept zur Verwertung von Eiklar:* *Knusper-Gebäck Seite 180.*

Eierlikör

# Apfelpunsch
## alkoholfrei

**MENGE**
6 PERSONEN

**DAUER**
15 MINUTEN

## Zutaten:

*1 l* ***„Qualität Tirol"*** *Apfelsaft*

*500 ml Wasser*

*2 Orangen*

*1 Zitrone*

*1 Stange Zimt*

*2–5 Nelken*

*3 bis 4 EL* ***„Qualität Tirol"*** *Waldhonig*

## Zubereitung:

1. Apfelsaft, Wasser, Orangen- und Zitronensaft in einen Topf geben und erwärmen.
2. Zimt und Nelken zugeben, kurz aufkochen und einige Minuten ziehen lassen.
3. Zum Schluss den Honig zugeben und, falls notwendig, nochmals erwärmen.

## *Tipp:*

*Passt hervorragend zum Knusper-Gebäck*
*und zu den Weihnachtskeksen*
*siehe Rezept Seite 178 und 180.*

# Weihnachtskekse
## aus Mürbteig

**DAUER**
1 STUNDE 30 MIN.

## Zutaten:

*400 g Weizenmehl (Type 700)*

*200 g **„Qualität Tirol“** Modlbutter*

*1 **„Qualität Tirol“** Goggei*

*150 g Staubzucker*

*1 Pkg. Vanillezucker*

*½ Pkg. Backpulver*

*Zitronensaft*

*„Bio vom Berg“ Heumilch (wenn nötig)*

*1 Glas **„Qualität Tirol“** Marmelad (Sorte nach Belieben)*

*Schokolade (zum Verzieren)*

## Zubereitung:

1. Mehl und Backpulver mischen und mit kalter Butter verbröseln (einen Abtrieb machen).
2. Die restlichen Zutaten dazugeben und zu einem mittelfesten Teig verarbeiten. (Sollte der Teig zu fest sein, 1 bis 2 EL Milch zugeben.)
3. Den Teig im Kühlschrank mindestens 30 Minuten rasten lassen.
4. Teig auf der bemehlten Arbeitsfläche dünn auswalken, ausstechen und auf einem Backblech mit Backpapier im bereits vorgeheizten Rohr bei ca. 165 °C Heißluft für ca. 12 Minuten backen.
5. Aus dem Backofen nehmen, auskühlen lassen und nach Belieben füllen und verzieren.

# Knusper-Gebäck

**DAUER**
1 STUNDE 45 MIN.

## Zutaten:

*170 g Eiklar (ca. 5 Eiklar)*
*vom „**Qualität Tirol**“ Goggei*

*150 g Staubzucker*

*½ Pkg. Vanillezucker*

*150 g Dinkelvollkornmehl*

*150 g Nüsse (Sorte nach Belieben)*

## Zubereitung:

1. Das Eiklar zu Schnee schlagen. Den Zucker und Vanillezucker nach und nach dazugeben und den Schnee damit ausschlagen.
2. Das Mehl und die Nüsse vorsichtig unterheben.
3. Die Masse in eine mit Backpapier ausgelegte Kastenform (ca. 32 cm) füllen und bei 170 °C Heißluft im bereits vorgeheizten Backofen ca. 45 Minuten backen.
4. Das Gebäck aus der Form stürzen und auskühlen lassen. Anschließend mit einer Schneidemaschine oder einem scharfen Messer in dünne Scheiben schneiden und auf ein Backblech legen.
5. Diese erneut bei 110 °C Heißluft für ca. 30 Minuten in den Backofen zum Trocknen geben.

# Register

***Impressum:***

Nachhaltige Produktion ist uns ein Anliegen; wir möchten die Belastung unserer Mitwelt so gering wie möglich halten. Über unsere Druckereien garantieren wir ein hohes Maß an Umweltverträglichkeit: Wir lassen ausschließlich auf FSC®-Papieren aus verantwortungsvollen Quellen drucken, verwenden Farben auf Pflanzenölbasis und Klebestoffe ohne Lösungsmittel. Wir produzieren in Österreich und im nahen europäischen Ausland, auf Produktionen in Fernost verzichten wir ganz.

2020


Herausgeber und Gestaltung:
Agrarmarketing Tirol GmbH
*Ein Unternehmen der Lebensraum Tirol Holding*
Maria-Theresien-Straße 57/3
6020 Innsbruck
www.qualität.tirol
office@AMTirol.at

Fotos Rezepte und Titelseite: Johanna Jenewein, BA
Porträtfotos: Die Fotografen
Druck und Bindung: Athesia Druck, Bozen (I)
ISBN 978-3-7022-3879-7
E-Mail: buchverlag@tyrolia.at
Internet: www.tyrolia-verlag.at

***Notizen:***

***Notizen:***

***Notizen:***

***Notizen:***

| TIROLER SAISONKALENDER | Jänner | Feb. | März | April | Mai | Juni | Juli | Aug. | Sept. | Okt. | Nov. | Dez. |
|---|---|---|---|---|---|---|---|---|---|---|---|---|
| ***Fisch, Fleisch & Fleischprodukte*** | | | | | | | | | | | | |
| Almrind | ■ | ■ | ■ | ■ | ■ | ■ | ■ | ■ | ■ | ■ | ■ | ■ |
| Grauvieh-Almochs | ■ | ■ | ■ | ■ | ■ | ■ | | | | | ■ | ■ |
| Almschwein | | | | | | | | | ■ | | | |
| Berglamm | ■ | ■ | ■ | ■ | ■ | ■ | ■ | ■ | ■ | ■ | ■ | ■ |
| Hofschwein | ■ | ■ | ■ | ■ | ■ | ■ | ■ | ■ | ■ * | ■ | ■ | ■ |
| Jahrling | ■ | ■ | ■ | ■ | ■ | ■ | ■ | ■ | ■ | ■ | ■ | ■ |
| Kitzei | | | ■ | ■ | | | | | | | | |
| Kwell-Saibling | ■ * | ■ * | ■ | ■ | ■ | ■ | ■ | ■ | ■ | ■ | ■ | ■ |
| Milchkalb | ■ | ■ | ■ | ■ | ■ | ■ | ■ | ■ | ■ | ■ | ■ | ■ |
| Verarbeitete Wurst- und Fleischware z. B.: Rindersaftschinken, Speck vom Hofschwein | ■ | ■ | ■ | ■ | ■ | ■ | ■ | ■ | ■ | ■ | ■ | ■ |
| ***Kräuter, Gemüse & Salat*** | | | | | | | | | | | | |
| Blattsalate | | | | ■ | ■ | ■ | ■ | ■ | ■ | ■ | | |
| Bohnen | | | | | | ■ | ■ | ■ | ■ | | | |
| Brokkoli | | | | | | ■ | ■ | ■ | ■ | ■ | | |
| Erdäpfel | ■ | ■ | ■ | | | | | | ■ | ■ | ■ | ■ |
| Frühe (Erdäpfel) | | | | | | ■ | ■ | ■ | | | | |
| Jungzwiebel | | | | ■ | ■ | ■ | ■ | ■ | ■ | ■ | | |
| Karfiol | | | | | | ■ | ■ | ■ | ■ | ■ | ■ | |
| Karotten | | | | | | ■ | ■ | ■ | ■ | ■ | | |
| Knoblauch | ■ * | ■ * | ■ * | ■ * | ■ * | ■ | ■ | ■ | ■ | ■ | ■ | ■ |
| Knollensellerie | ■ | ■ | ■ | ■ | | ■ | ■ | ■ | ■ | ■ | ■ | ■ |
| Kohlrabi | | | | | ■ | ■ | ■ | ■ | ■ | ■ | | |
| Kraut | ■ | ■ | ■ | ■ | ■ | ■ | ■ | ■ | ■ | ■ | ■ | ■ |
| Kräuter (im Topf) | ■ | ■ | ■ | ■ | ■ | ■ | ■ | ■ | ■ | ■ | ■ | ■ |
| Kürbis | | | | | | | | ■ | ■ | ■ | ■ | ■ |
| Lauch | | | | ■ | ■ | ■ | ■ | ■ | ■ | ■ | ■ | ■ |
| Paprika | | | | | | | ■ | ■ | ■ | ■ | | |
| Pilze | ■ | ■ | ■ | ■ | ■ | ■ | ■ | ■ | ■ | ■ | ■ | ■ |
| Radieschen | | | | ■ | ■ | ■ | ■ | ■ | ■ | ■ | | |
| Rohnen | ■ | ■ | ■ | ■ | | | ■ | ■ | ■ | ■ | ■ | ■ |
| Rucola | | | | ■ | ■ | ■ | ■ | ■ | ■ | ■ | | |
| Tomaten | | | | | | | ■ * | ■ | ■ | ■ * | | |
| Vogerlsalat | | | ■ | ■ | ■ | | | | ■ | ■ | ■ | |
| Wintersalate | | | | | | ■ | ■ | ■ | ■ | ■ | ■ | ■ |
| Zucchini | | | | | | ■ | ■ | ■ | ■ | ■ | | |
| Zuckerschoten | | | | | | ■ | ■ | ■ | ■ | | | |
| Zwiebel | ■ | ■ | ■ | | | | | ■ * | ■ * | ■ | ■ | ■ |

** eingeschränkte Verfügbarkeit*

| TIROLER SAISONKALENDER | Jänner | Feb. | März | April | Mai | Juni | Juli | Aug. | Sept. | Okt. | Nov. | Dez. |
|---|---|---|---|---|---|---|---|---|---|---|---|---|
| ***Milch und Milchprodukte*** | | | | | | | | | | | | |
| Almbutter | | | | | | x | x | x | x | | | |
| Almmilch | | | | | | x | x | x | x | | | |
| Butter | x | x | x | x | x | x | x | x | x | x | x | x |
| Butterschmalz | x | x | x | x | x | x | x | x | x | x | x | x |
| Glocknerkugeln | x | x | x | x | x | x | x | x | x | x | x | x |
| Hartkäse | x | x | x | x | x | x | x | x | x | x | x | x |
| Heumilch | x | x | x | x | x | x | x | x | x | x | x | x |
| Joghurt | x | x | x | x | x | x | x | x | x | x | x | x |
| Louick (Ziegenkäse) | x | x | x | x | x | x | x | x | x | x | x | x |
| Schaflkas | x | x | x | x | x | x | x | x | x | | | x |
| Sauerrahm | x | x | x | x | x | x | x | x | x | x | x | x |
| Schlagrahm | x | x | x | x | x | x | x | x | x | x | x | x |
| Schnittkäse | x | x | x | x | x | x | x | x | x | x | x | x |
| Topfen | x | x | x | x | x | x | x | x | x | x | x | x |
| Weichkäse | x | x | x | x | x | x | x | x | x | x | x | x |
| ***Getreideprodukte*** | | | | | | | | | | | | |
| Roggenmehl | x | x | x | x | x | x | x | x | x | x | x | x |
| Weizenmehl | x | x | x | x | x | x | x | x | x | x | x | x |
| ***Obst & Obstprodukte*** | | | | | | | | | | | | |
| Äpfel | x | | | | | | | x | x | x | x | x |
| Birnen | | | | | | | | x | x | x | x | |
| Erdbeeren | | | | | x | x | x | | | | | |
| Heidelbeeren | | | | | | | x | x | | | | |
| Himbeeren | | | | | | | x | x | x | | | |
| Ribisel | | | | | | x | x | x | | | | |
| Marillen | | | | | | | x | x | | | | |
| Kirschen | | | | | | x | x | | | | | |
| Marmelad (Brombeer, Himbeer, Marille) | x | x | x | x | x | x | x | x | x | x | x | x |
| Zwetschken | | | | | | | | x | x | | | |
| ***Eier & Honig*** | | | | | | | | | | | | |
| Cremehonig | x | x | x | x | x | x | x | x | x | x | x | x |
| Eier | x | x | x | x | x | x | x | x | x | x | x | x |
| Waldhonig | x | x | x | x | x | x | x | x | x | x | x | x |
| ***Getränke*** | | | | | | | | | | | | |
| Apfelsaft | | | | | | | | | | | | |
| Tyroler Imperial Hell (Bier) | | | | | | | | | | | | |
| Tyroler Imperial Zwickl (Bier) | | | | | | | | | | | | |